# 晋商
## 万里茶路探寻

韩小雄 著

山西出版传媒集团
山西人民出版社

## 图书在版编目（CIP）数据

晋商万里茶路探寻／韩小雄著．—太原：山西人民出版社，2012.8
ISBN 978-7-203-07781-7

Ⅰ.①晋… Ⅱ.①韩… Ⅲ.①茶叶-贸易史-中国-清代 ②晋商-商业史-中国-清代 Ⅳ.① F 724.782 ② F 729

中国版本图书馆 CIP 数据核字（2012）第 129185 号

### 晋商万里茶路探寻

| | |
|---|---|
| 著　　者： | 韩小雄 |
| 责任编辑： | 张文颖 |
| 助理编辑： | 冯灵芝 |
| 装帧设计： | 清晨阳光（谢成）工作室 |

| | |
|---|---|
| 出 版 者： | 山西出版传媒集团·山西人民出版社 |
| 地　　址： | 太原市建设南路 21 号 |
| 邮　　编： | 030012 |
| 发行营销： | 0351-4922220　4955996　4956039 |
| | 0351-4922127（传真）　4956038（邮购） |
| E-mail： | sxskcb@163.com　发行部 |
| | sxskcb@126.com　总编室 |
| 网　　址： | www.sxskcb.com |

| | |
|---|---|
| 经 销 者： | 山西出版传媒集团·山西人民出版社 |
| 承 印 者： | 山西出版传媒集团·山西新华印业有限公司 |
| 开　　本： | 890mm×1240mm　1/32 |
| 印　　张： | 6.875 |
| 字　　数： | 150 千字 |
| 印　　数： | 1-4 000 册 |
| 版　　次： | 2012 年 8 月第 1 版 |
| 印　　次： | 2012 年 8 月第 1 次印刷 |
| 书　　号： | ISBN 978-7-203-07781-7 |
| 定　　价： | 18.00 元 |

**如有印装质量问题请与本社联系调换**

# 目　录

## 茶叶之路综述

### 闽赣行

下梅茶市　/001

西客买茶　/008

闽赣古道　/019

八省码头　/026

水运繁华　/038

### 湘鄂行

九省通衢　/053

梅山资水　/062

砖茶之乡　/083

逆水汉江　/089

## 中原行

南船北马　/105
北上中原　/120

## 三晋行

穿行泽潞　/131
晋商故里　/142
锦绣太原　/151
雁门商路　/161

## 草原行

东口张垣　/173
台路驿站　/182

## 沙漠行

沙漠驼铃　/194
戈壁千里　/199

# 茶叶之路综述

"茶叶之路"兴起于清初,是继"丝绸之路"之后又一条重要的国际贸易线路。

茶原产自中国。

现在,全世界有50多个国家种茶。饮茶,已遍及世界大多数国家。世界各国茶树引种、饮茶风尚,都是从中国直接或间接地传播和演变而去的。

大约在汉代,中国茶叶就传入了日本。到了唐代,阿拉伯商人通过"丝绸之路"把中国的丝绸、瓷器和茶叶同时带到了西方。明代,中国郑和下西洋,把茶叶传往南洋和波斯湾;在北方塞外进行的"茶马互市",使茶叶开始进入蒙古地区。

1638年俄国大使瓦西里·斯特拉科夫拜见蒙古可汗,以紫貂皮、麝香等作为见面礼。可汗向沙皇回赠了二百包(四普特六十四公斤)中国茶叶。瓦西里·斯特拉科夫把茶叶带回莫斯科,献给沙皇,沙皇十分喜爱。随后中国茶叶便由宫廷王室传

到贵族名门。

从中国进口茶叶,路途遥远,运输困难,数量也有限。因此,茶在俄罗斯成了典型的"奢侈饮品",喝茶则成了身份和财富的象征。

随着中俄贸易的发展,出口到俄国的茶叶逐渐增多。17世纪,中国的砖茶(主要是红茶)在俄国和欧洲已经培养起了一个固定而庞大的消费群体,尤其是在西伯利亚一带以肉奶为主食的游牧民族,到了"宁可一日无食,不可一日无茶"的地步。俄人记载:"涅尔琴斯克边区的所有居民不论贫富、年长或年幼,都嗜饮砖茶。茶是不可缺少的主要饮料,早晨就面包喝茶,当作早餐。不喝茶就不去上工。午饭后必须有茶。每天喝茶可达五次之多,爱好喝茶的人能喝十至十五杯。不论你什么时候去到哪家去,必定用茶款待。"不仅这一地区如此,而且,"所有亚洲西部游牧民族均大量饮用砖茶,时常把砖茶当作交易的媒介"。

茶叶需求量的增加和高额的利润,促进了中俄茶叶贸易的进一步发展。康熙十八年(1679),中俄两国签订了关于俄国从中国长期进口茶叶的协定。

中俄商人从茶叶贸易中获得巨大的商业利益,茶叶逐渐成为中俄贸易中最主要的大宗商品。

雍正五年(1727),中俄签订了《恰克图条约》,其中规定:"除两国通商外,两国边境地区之零星贸易,应于尼布楚、色楞格两处,选择妥地,建盖房屋,以准自愿前往贸易者贸易……"

中俄茶叶贸易自《恰克图条约》开始，进入了一个新的发展阶段，由最初的缓慢发展、三次闭关、先后中断了十五年，到1792年签订《恰克图市约》，进入比较稳定发展阶段；直到19世纪50年代，终于迎来了中俄茶叶贸易的繁荣鼎盛时期。

随着中俄茶叶贸易的发展，一条堪与"丝绸之路"媲美、辉煌繁盛了近二百年的"茶叶之路"逐渐形成。

古籍中记述清代晋商商路说，大致在乾隆三十年（1765）起，在山西商人的推动下，逐渐形成了一条以山西、河北为枢纽，北越长城，贯穿蒙古，经西伯利亚，通往欧洲腹地的陆上国际茶叶商路。在南方，又开辟了由福建崇安过分水关，入江西铅山县，顺信江下鄱阳湖，穿湖而出九江口入长江，溯江抵武昌，转汉水至襄樊，贯河南入泽州，经潞安抵平遥、祁县、太谷、忻州、大同、天镇到张家口，贯穿蒙古草原到库伦至恰克图的路线，这是一条重要的茶叶商路。

晋人自古善商。至明清，山西商人已成为国内三大商帮（晋帮、徽帮、潮帮）之首。茶叶经营更是晋商贸易中最重要的部分。

明清之际，中国社会经济进入前所未有的发展时期。清初，政局渐趋稳定，商品流通异常活跃。繁华的市镇、完善的水陆交通运输，使商品的长途贩运成为可能。

康乾年间，在南方，闽赣间有形成于秦汉时期的古驿道。

信江、鄱阳湖、长江、汉水、唐白河、唐河等,都是航运发达的黄金水道;江西铅山的河口镇、湖北的汉口镇、樊城,河南南阳的赊店镇,均是商贾云集、帆樯满江的繁华巨镇。在中原,自古交通发达,官路和民路,构成了便捷的交通网络。在北方,北京通往蒙古各盟旗、各卡伦的驿道已基本形成,张家口、库伦、恰克图已成为对外贸易的重要商埠。

"茶叶之路"是一条纵贯南北水陆交替的商业运输线路。最初起点在福建崇安(现武夷山市),途经江西、湖北、河南、山西、直隶(河北)、内蒙古,终点是乌里雅苏台(现蒙古人民共和国)的恰克图。全程约九千五百八十余里(四千七百九十余公里),其中,水路两千九百七十余里;陆路六千六百一十余里,亦称"万里茶路"。咸丰年间起点改在湖南安化,后又移至湖北蒲圻。

"茶叶之路"具体运行线路如下:

咸丰二年以前,起点在福建崇安。

自福建建宁府崇安县下梅村,顺梅溪,西入崇阳溪,逆溪北上达崇安城。此段为水运,约三十里。

于崇安城沿闽赣古驿道西北行,过闽赣交界之分水关,达信江南岸之江西广信府铅山河口镇,此段陆路约一百八十里。

于河口装大船,顺信江西行,经广信府弋阳、贵溪,饶州府安仁(今余江)、余干入鄱阳湖,此段水路约四百六十里;西北经南康府都昌、星子,在九江府湖口入长江,此段水路约

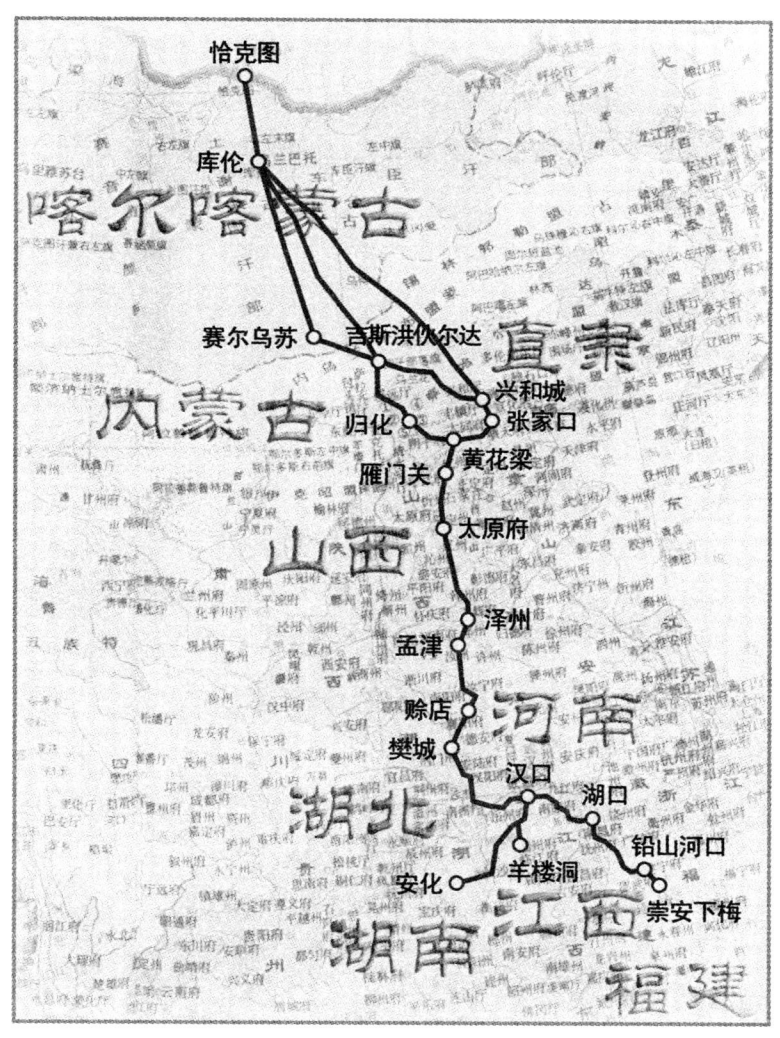

茶叶之路全程示意图（本图系作者根据多方考察后绘制）

二百八十五里；溯长江西行，经九江府德化（今九江）、瑞昌，西北湖北黄州府黄梅、广济（今武穴）、蕲州（今蕲春）、蕲水（今浠水）、黄冈，武昌府兴国州（今阳新）、大冶、武昌（今鄂州）、江夏（今武汉武昌区），抵汉阳府汉阳县汉口镇，此段水路约六百一十里。

于汉口逆汉江西行，经汉阳府蔡甸、汉川、沔阳州（今仙桃）、安陆府天门、潜江、钟祥、荆门沙洋、襄阳府宜城，达襄阳汉江北岸之樊城，此段水路约一千零六十五里。

于樊城换小船，西北入唐白河，上至两河口，入唐河，经河南南阳府唐县，达水路终点南阳府南阳县赊店镇（今社旗），此段水路约五百二十余里。

自赊店镇上岸，用骡马驮运北行，经裕州（今方城）、叶县、宝丰、汝州，河南府登封、偃师，达黄河南岸之孟津渡口，此段陆路约五百八十五里；渡黄河，经怀庆府孟县（今孟州）、河内（今沁阳），沿太行山太行陉，至山西泽州府凤台县（今晋城），此段陆路约三百里。

于凤台北行，经泽州府高平，潞安府长子、屯留、襄垣，沁州、武乡，太原府祁县、徐沟（今清徐）、太原县、阳曲县、忻州、崞县（今原平），北出雁门关，经大同府山阴、怀仁、大同县、阳高、天镇，二百一十里入直隶宣化府怀安，抵达张家口。此段陆路约一千一百七十余里。

从张家口，北经兴和城（今张北）、明爱（内蒙古商都）、内蒙古察哈尔、四子王旗，沿阿尔泰军台，经乌里雅苏台土谢图汗部左翼中旗赛尔乌苏、左翼右末旗,达中旗之库伦(今蒙古人民共和国乌兰巴托),此段陆路约三千零八十里;又北行,经右翼右末旗、右翼左末旗,终达中俄边境之恰克图,陆路约九百二十里。

另有山西怀仁黄花梁分道,经归化城接阿尔泰军台至库伦的支路:山西怀仁经左云、右玉、和林格尔、归化城、可可以力更(今武川)、锡拉木伦、召河、内蒙古茂明安百灵庙,于吉思洪呼尔接阿尔泰军台。

咸丰后,起点改在湖南安化。

自湖南长沙府安化,顺资水,经益阳,水路四百二十五里入湘江;又经湘阴,水路一百二十里入洞庭湖;经岳阳府巴陵入长江,水路一百三十里;经临湘,湖北嘉鱼、江夏,水路四百二十五里达汉阳府汉阳县汉口镇。全程计一千一百里许,较福建崇安起点,缩短了四百六十多里。

大约到了同治年间,起点又移至湖北蒲圻。自湖北武昌府蒲圻(今赤壁)羊楼洞,经嘉鱼、江夏,水路三百九十五里达汉口镇。较湖南安化起点,又缩短近七百里;较福建崇安,缩短一千一百七十余里。

# 下 梅 茶 市

四月的武夷山,正是春茶采摘的季节。连绵的山岭,满目苍翠,春意盎然。满山的茶树,枝繁叶茂,郁郁葱葱。温热的空气里弥漫着茶叶的清新和香润。

这是大清咸丰二年(1852)的春天,每年都来买茶的山西商人,在经过了几千里地的长途奔波后,一如既往来到了武夷山北麓——江西铅山信江岸边的河口镇。而在二百多里以外,武夷山南福建崇安下梅茶市的行东们,照例是要到河口去迎接这些远道而来的客人的。

下梅茶市的行东们,习惯地把这些山西商人称做西客。西客们有钱,做起生意来也很大气,并不是传言中的那么抠门儿。一般情况下西客"将款及所购茶单点交行东,咨所为不问",自己则留在河口的会馆看着戏耐心地等候;而下梅的行东们则匆匆赶回下梅茶市,开始为西客组织他们所需的货源。待下梅的茶商将集散的茶叶从下梅运抵河口,西客们则"茶事毕始结算别去"。

下 梅 村

　　下梅是武夷山南麓,崇安县城东南的一个小村落。因位于梅溪的下游,故而称为下梅。

　　早在康熙年间,下梅的邹氏家族经营茶叶成为富绅,于是下梅也成了崇安地区著名的茶市。民国《崇安县新志》记载:"下梅邹姓原籍江西之南丰。顺治年间邹元老由南丰迁上饶。其子茂章复由上饶至崇安以经营茶叶获资百余万,造民宅七十余栋,所居成市。……武夷岩茶为茶之总称后,武夷茶市集崇安下梅,盛时每日竹筏三百艘,转运不绝。"

　　下梅的茶市是在广州十三行的支持下,逐渐发展起来的,并且由于山西茶商的大量采买,使得下梅茶市盛极一时,持续繁盛了一百多年。

　　康熙二十四年(1685),清政府实行广州一口通商制度,并指定广东行商组成了十三行,作为专门的商业经营机构,代表政府与海关经营进出口贸易。十三行兼有官商和私商双重身份,其出口贸易的核心商品即是茶叶。由于十三行中多数是闽籍商人,下梅的邹氏家族凭借与十三行的良好关系,几乎垄断了武夷山地区茶叶出口广州的贸易,并且控制着崇安地区的茶市贸易。

雍正年间,中俄签订了《恰克图条约》,山西商人为了满足中俄茶叶贸易的需求,开始大量从福建购买茶叶,由最初的几十万斤,发展到后来的上千万斤。这些大宗的茶叶,就是从下梅的茶市起程运往万里之遥的中俄边境恰克图的。

鸦片战争以后,因为实行了五口通商,没有了十三行的支持,又有太平天国起义,阻断了长江运输线路,山西茶商也不再到武夷山购买茶叶,于是下梅的茶市便渐渐地衰落下去。到了光绪年间,崇安地区的茶市中心逐渐转移到了地理位置更优越、更合理的崇溪岸边的赤石。盛极一时的下梅茶市慢慢走向

竹　筏

当溪码头

衰落。

　　下梅村的中央有一条人工开凿的运河,这便是当溪。汇集在下梅的茶叶,就是从这里的码头装货上船,然后经梅溪、崇溪运往外界的其他地方。

　　当溪原称当中坑。原河道是一条自然过水坑,位于村落中央。下梅过去也称为当坑坊。当溪发源于大元岗,向北流至下梅汇入梅溪。宋代将流经下梅村的溪段,开凿为人工运河,始称当溪。但因为当溪水浅,竹筏、船只都停靠在梅溪岸边的码头,交通、运输都不便利。到了顺治年间,邹家征得方、王等四家的同意,出巨资扩建了当溪,将运河加深丈余,修筑了八个码头,使竹筏能够顺利进出停靠,大大地便利了茶叶的装卸运输。于是,当溪两岸开始店铺林立,茶商云集。

集散在下梅茶市的茶叶,需先经水路运往崇安城,然后再由陆路运抵铅山的河口。

去往崇安城的水路运输是靠小船或竹筏来完成的。明清时期航行在闽江上游的载货船,一般可载四千余斤;另有一种货筏,也是闽北城镇墟市水路货运的重要工具,每筏一般可载重一千斤左右,顺流可载两千余斤。

装满茶叶的竹筏顺次离开了当溪码头,缓缓地向西驶入梅溪。山西茶商购买的茶叶,就是从这里开始了它长达万里之遥的漫漫征程。

茶船沿梅溪而下,西北行十余里,在角亭村附近,向北驶入崇阳溪。逆崇阳溪北上,到达崇安县治崇安城。

梅溪自东向西流来,清澈湛蓝,水明如镜;两岸青山连绵,峰峦迭出,竹木茂盛,郁郁葱葱。

梅溪是崇阳溪的支流,发源于崇安县东部的梅岭,因而称为梅溪,是下梅通向外界的唯一的交通要道。

万里茶路起点

崇阳溪，亦称崇溪、大溪，是闽江主要支流建溪在崇安县境内的支流。崇溪有东西两个源头，一个出自东北岑阳山，称东溪；另一个出自西北分水岭，称西溪。二溪于崇安城北汇合后为崇溪。

昔日"竹筏三百艘，转运不绝"的下梅茶市，如今成了武夷山著名的旅游风景区。

当年邹氏拥资百万大兴土木，修建了几十幢豪宅。并且在此前后，方姓、岳姓、程姓、陈姓等也在下梅建宅修祠。这些建筑多建在当溪两岸，有巨商的豪宅，有官宦的府第，有隐士的别墅，有儒生的精舍。以居住为主，辅以教育、集会、休闲、娱乐等场所。主要建筑有：邹氏祠堂，在当溪北岸；邹氏

邹氏祠堂

大夫第,因屋主曾获朝廷诰封"中宪大夫"而得名;达理巷,下梅北街方宅门,寓"通情达理"之意;施政堂;参军第;闺秀楼;儒学正堂,位于下梅北街;镇国庙,下梅村诸姓共祀先祖之庙,坐落于下梅北街水口处,"镇国"之意表达了下梅百姓向往安居乐业、祈求国泰民安的美好心愿;天一井,位于下梅村下梅溪大洲埠码头,取昊天永赐甘泉之意。

# 西客买茶

公元 1727 年，大清雍正五年九月初七，经过一年多的艰苦谈判，清政府与沙俄政府终于在中俄边境的小镇恰克图，草签了有关两国政治、经济、宗教诸方面相互关系的总条约草案《恰克图条约》。雍正六年（1728）五月十八日，双方在恰克图

恰克图会议代表合影

正式换文。

根据《恰克图条约》的规定，中俄两国商人进行的边境贸易将由库伦迁移至恰克图。旧市街划归俄国，中方于旧市街南另建新市街。两城毗连，中间仅以木栅栏相隔，俄方称"恰克图"，中方称"买卖城"。清《朔方备乘》载：恰克图，实为中国买卖城，为四部卡伦，市中通衢，山势雄峻，林木森然。贸易商民建木城，起盖房屋，费力无多，颇为坚固。对面俄罗斯建有市圈……

1728年8月15日恰克图市场首次开市，由此拉开了绵延近两个世纪的中俄恰克图边境贸易的序幕。

在《恰克图条约》签订之前，山西商人已经基本垄断了西北地区的商业贸易。条约签订之初，审时度势的山西商人已经意识到了恰克图市场潜在的巨大商机，于是在恰克图开市之时，便有四家商号来到恰克图建立了分号。随后发展到几十余家，最多时达到一百二十家。

随着欧洲市场的发展，在恰克图的互市中，茶叶不仅成为了对俄贸易中最主要的商品，而且茶叶贸易的需求量较以往也有了很大幅度的增长。在对俄出口的茶叶中，来自福建武夷山地区的红茶是俄国商人青睐的商品。为了满足恰克图市场的需求，注重品质和信誉的山西商人很快就奔赴红茶的原产地——福建省北部的建宁府崇安县，购买那里生产的正山小种红茶和其他品种的茶叶。促使山西商人南下几千里赶赴福建的原因，除了可以在原产地购买到品质上佳的正宗红茶外，还有另外一个重要的原因便是,福建不颁茶引,茶商在这里可以自由购买到大宗的茶叶。

清初,政府在主要茶叶生产区实行了茶引制度,茶商需纳钱请引,而后按引购茶,不许超过所得茶引规定的购茶量。若要增购茶叶,需再申请茶引。多申请不但需多纳钱,还得受官员勒索。而在几个主要产茶的省份中,只有福建不颁茶引,也不征收茶课。各地茶商纷纷云集福建自由购茶。只是在贩运崇安武夷茶时,需在关口"照则例纳税,多寡不一,汇入商税项下奏销"。

传说在明末清初,时局动乱不安。有一次,一支军队经桐木关从江西进入福建崇安,在桐木村北十里的庙湾,占驻了一家茶厂。时值采茶季节,刚刚采摘的青茶,无法及时烘干,因积压而发酵,变成了黑色,并产生了特殊的气味。茶农心急如焚,为挽回损失,赶紧用锅炒和用易燃的松木加温烘干,稍加

制 茶

筛分拣剔，即装篓运至九十里外的星村茶市去贱卖。没想到第二年有人给二至三倍的价钱定购这种茶，并预付银两。从此以后，红茶生意开始越做越兴旺了。

红茶经过精心采摘、特别制作，条索肥壮，紧结圆直，色泽乌润，冲水后汤色艳红，经久耐泡，滋味醇厚，似桂圆汤味，气味芬芳浓烈，以醇馥的烟香和桂圆汤、蜜枣味为其主要品质特色。如加入牛奶，茶香不减，形成糖浆状奶茶，甘甜爽口，别具风味。

星村镇桐木村一带生产的红茶称为正山小种红茶。政和、坦洋、北岭、屏南、古田、沙县及江西铅山等地仿制的小种红茶，质地较差，统称作外山小种或人工小种。

山西茶商主要集中在山西太原府的祁县、太谷、榆次、徐沟及周边地区。从太原府赴福建崇安购茶，需经山西、河南、湖北、江西等省。自太原府南经沁州、潞安府、泽州府，下太行山，出山西，经河南怀庆府，渡黄河，又经开封府、汝宁府、信阳州，过大别山与桐柏山之间的武胜关，经湖北德安府、汉阳府达汉口镇；过长江，经武昌府，江西九江府、南康府、南昌府、抚州府、饶州府，先达广信府铅山的河口镇，然后过分水关才可到达福建崇安县。

清时，崇安县有两个重要的茶叶集散地，一个在崇安城南三十余里梅溪下游的下梅村，另一个就是红茶的原产地桐木村

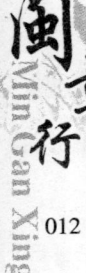

所在的星村镇。

星村茶市在九曲溪下游将入崇溪处。清江苏巡抚兼署两江总督梁章钜记述说:"武夷九曲之末为星村,鬻茶者联集。"徐勃《茶考》记述:"山中土气宜茶,环九曲之内不下数百家,皆以种茶为业,岁所产数十万斤,水浮陆转,鬻之四方。"

若在星村茶市买茶,运输可顺九曲溪下崇溪,沿崇溪直接上至崇安城,走闽赣古驿道,过分水关抵达江西铅山的河口镇。闽赣间的古驿道始于秦汉,历来是福建与江西和中原之间重要的商业贸易通道。

下梅茶市在梅溪下游。而梅溪则在九曲溪与崇安城之间。把茶叶交易的地方选择在下梅,于是桐木村附近所产的茶叶要经过星村茶市,沿九曲溪下至崇溪,逆崇溪上,又入梅溪,上至下梅进行交易,交易完毕,再顺梅溪下崇溪,又逆崇溪上至崇安县城,才由闽赣古驿道运至江西的铅山。这样,本应由直接上至崇安城的路程,却平添了进出梅溪的一段,运输成本自然也要增加许多。

为什么山西茶商没有去星村,而是选择了需要绕道的下梅茶市?原因可能是多样的,但有一点可以肯定,山西茶商去福建买茶时并不了解崇安当地的茶叶市场和茶叶种植生产情况,他们是被下梅的茶商从铅山河口直接带到下梅茶市的。

江西铅山河口镇因水陆交通便捷,素有"八省码头"之称,是闽、浙、赣、皖、湘、鄂、苏、粤等江南诸省的水上运

山西商人

输中心。福建、浙江所产茶、丝等货运往广州与内陆各省,必须经由此地方可中转,下梅的茶商要将茶叶运往广州出口,河口也是他们的必经之路。

山西茶商到福建崇安买茶,自然也是经过铅山河口的。对于怀揣大把银子远道而来的山西客商们,下梅茶商当然是在河口便给予了十分热情的招待,并且顺理成章地把这些客人直接带到了下梅他们自己的茶市。对于福建的茶叶市场和茶叶种植生产等情况,山西茶商们不知道,也没想知道得太多,他们是些做惯了大买卖的大商人,对一些他们认为并不重要的小问题,不愿去过多考虑。

茶叶转运过程中成本增加的问题,精明的山西人似乎应该十分关心,然而可能是做惯了大买卖,出得起上万里运费的山西商人,并没有去计较那区区几十里的费用。另外还有一种可能,就是下梅到河口需经水陆交替运输,运输情况也较为复杂。况且这一段的运输是由下梅茶行来完成的,计入茶叶成本即是,因而山西茶商们并没有过问此事。至于是不是还有一个同样可以买到茶叶的茶市叫星村,而且星村比下梅交通更便捷,运输路途也要缩短许多,这样的问题山西商人可能想也没想过。

这还是一向以精打细算闻名于世的山西商人吗?看看清人衷干在《茶市杂咏》中的记述:"清初茶叶均由西客经营,由江西转河南运销关外。西客即山西商人。每家资本约二三十万至百万。货物往返,络绎不绝。首春客至,由行东至河口欢迎,至地,将款及所购茶单点交行东,咨所为不问,茶事毕始结算别去。"每年春天,西客来买茶的时候,下梅茶行的行东都是要到河口去欢迎的。"至地,将款及所购茶单点交行东",这里的"至地"不知是哪个地,是"下梅"还是"河口",衷干没有说清楚,想必最初自然应该是去下梅了,至于在后来的买茶过程里就未必非得要去下梅,在河口"将款及所购茶单点交行东"就完全可以了,干吗非得去下梅?下梅一个偏僻的小村庄,生活条件各方面又如何比得了"舟车驰百货,茶褚走群商"的河口?事实上,西客们果然是"咨所为不问",在河口的山陕会馆耐心地等候,待"茶事毕始结算别去"。山西商人就是这样在福建崇安买了一百多年的茶叶,"货物往返,络绎不绝",基本没有做过什么改变。

咸丰元年（1851），洪秀全在广西桂平金田村起义，建国号太平天国。第二年，太平天国攻下长沙；咸丰三年（1853）一月攻陷武汉，随即顺长江东下攻陷南京。太平天国阻断了长江运输线路，西客们被迫停止了赴福建采买茶叶的商业行为。在随后的几年里，虽然局势有所稳定，但是，由于太平军在福建北部山区一带经常活动，致使茶叶产量锐减，茶叶收购价格也随之提高了百分之五十。又由于清政府为镇压太平天国运动筹措军饷，实施厘金制度，逢关纳税，遇卡征厘，茶叶贩运成本大大提高。在这种极为不利的形势下，无奈的西客，开始将购买地转移到了湘鄂一带，从此以后就再也没有回到福建购买茶叶。当然，这也让茶叶转运路程缩短了将近一千里。

衷干在《茶市杂咏》中的那段记述极为经典，所有谈到晋商、武夷茶、明清茶文化的论著，几乎没有不引用的。但这些论著引用这段记述，一般是用来佐证晋商资金雄厚或武夷茶的历史悠久，很少有人通过这段记述，解读山西商人的经商心理和行为。没有想到，还是不太愿意？真有人仔细分析了一下，觉得这不太像他们想赞誉的山西商人，于是就说，这么说晋商去福建买茶就是当甩手掌柜的吗？不是，他们是积极的、进取的，他们在武夷山掌握了茶叶的种植技术，并且把它带到了湘鄂一带，推动了那里茶文化的发展。

客观上说，晋商后期在湘鄂地区的种植加工，不仅仅是推动了两湖茶文化的发展，而且对于整个中国的茶文化的进步，

茶　山

都是起到了很大的促进作用。但是，说晋商是在用一百多年的时间来学习茶叶种植，会让人笑话。再说福建茶路阻断了以后，晋商很快便到了湖南的安化去买茶，茶叶的种植加工又是后来的事情。他们是商人，贩茶是为了赚钱，茶文化的发展进步，可以不想。至于晋商在湘鄂一带种植加工，一方面是发现了茶叶种植的良好地域，另一方面是由于外国势力造成的巨大威胁，晋商不得不又一次自己种植加工，缩短运输线路，以降低茶叶贸易的成本。这样说，不是有意否定晋商曾有的积极进取精神。首先，开赴武夷山买茶的晋商，的确是需要有一定的勇气和魄力的；其次，最先开拓湘鄂茶区，种植加工茶叶，也是要有一定胆识和智慧才行的。我这里想说的是，不是所有山西商人都具备了积极进取、开拓创新的精神,他们中有相当一部分是衷干《茶市杂咏》中所记的西客,"至地,将款及所购茶单点交行东,咨所为不问,茶事毕始结算别去",赚了钱回去盖大房子的山西商人。

说了买茶的西客,再来说说下梅茶商。

每年春天,下梅茶行的行东都要亲自到河口去欢迎远道而来的西客。这里面除了下梅茶商的热情好客之外,西客买茶的数额巨大,自然成为下梅茶商"至河口欢迎"的主要原因;另外,山西商人在买茶生意中的诚信和雄厚的购茶资本,也是下梅茶商愿意亲赴河口欢迎的重要原因之一。

说西客买茶的数额巨大,巨大到什么程度?西客究竟在福建崇安购买了多少茶叶?从恰克图的对俄茶叶贸易情况来看,据不完全统计,雍正十二年(1734)以前每年约30万斤;雍正十三年(1735)约为33.6万斤;到乾隆十五年(1750)增加到了43.7万斤;乾隆四十六年(1781)又增为80万斤;乾隆后期,每年不下200万斤;嘉庆五年(1800)又增加到250多万斤;嘉庆十五年(1710)约为252万斤;嘉庆二十五年(1845)上升到450万斤。道光年间,恰克图的茶叶贸易进入空前繁荣时期。道光十年(1830)达470万斤;道光十七年到十九年(1837-1839),平均每年为700多万斤;道光二十五年(11845)增至1075万斤;道光二十六年(1846)为1140万斤;道光二十七年(1847)为1176万斤;道光二十八年

（1848）高达1243万斤；道光二十九年（1849）为974万斤；道光三十年（1850）达到1000万斤。到了咸丰初年，卖给俄商的茶叶一年仍多达900多万斤。

雍正至道光的一百多年中，山西商人平均每年买走茶叶336万斤，以每担12两计算，计白银40多万两，收购量大约是崇安地区茶叶产量的七分之一多；而道光年间购茶的数量则是当地茶叶产量的四分之一，计白银160多万两。

在恰克图的对俄贸易中，山西商人投入的资产少则三五十万两，多则七八百万两，有些商人的资产甚至超过了千万两。山西商人在茶叶贩运过程中，通常是准备好了四倍于茶叶价格的资本：一份用于当季茶叶的款项，一份用于茶叶的运输和税收，还有一份是货物积压的成本，另外就是预付行商的茶叶订购款。为了保证质量和数量，山西商人一般都会全额预付购茶款。这也是让下梅的行东十分高兴的事情。而且"将款及所购茶单点交行东，咨所为不问"这样的行商作为，肯定赢得下梅行东的喜爱，被当作财神一样欢迎，便是自然而然的事情了。

# 闽赣古道

崇安县最早叫新丰乡，五代闽景宗永隆三年（941）改新丰乡为温岭镇，保大九年（952）又改为崇安场，取"崇山峻岭，安乐祥和"的意思。宋太宗淳化五年（994），崇安场升为崇安县。1989年8月21日，崇安县改为武夷山市。

彭迁，江苏润州丹阳县人。彭迁卸职后率家人来到武夷山，雇募民力，凿湖筑坝，引水造田，筑室崇岭，并命名为新丰乡。

彭迁的儿子彭汉上奏朝廷，把新丰乡晋升为温岭镇，并设立了官署。

彭迁曾孙彭珰，又先后两次上奏朝廷，先是获准把温岭镇晋升为崇安场，又把崇安场晋升为崇安县。因而在崇安历来就有"先有彭，而后有崇"之说。为了缅怀彭迁、彭汉、彭珰三代人开发崇安的业绩，民众在营岭县署义门旁边建造一座"作邑彭氏三丈祠"，又称"崇德报功祠"，每年分春秋两次祭祀，世代不忘彭氏三丈功德。

崇安城建于明正德年间，清康熙年间进行了大规模的重修。重修后的崇安城，有东、西、南、北四座陆路城门和三座水门。三座水门东临崇阳溪，由南至北依次为毓秀门、集贤门和盐埠门。毓秀门是装卸茶叶、竹木等本邑土产的码头；集贤门是供官宦士子进出城的渡口；盐埠门则是装卸食盐布帛等舶来货物的码头。

彭氏三丈祠

水东门盐埠门

西客的茶叶于毓秀门码头靠岸卸船，随后雇脚夫，由陆路运往江西铅山县的河口镇。

一个挑夫用肩挑担，普通人不过挑个百十来斤，多则也不过就是一百四五十斤。西客每年在崇安购买的茶叶，少时有几十万斤，多则几百万斤。每年春季参与茶叶运输的脚夫多达上千人，其中大部分都是肩挑运输的。

当时，崇安地区有一种叫鸡公车的独轮车，因其形状和滚动时发出近似公鸡鸣叫的声音而得名。宽架车能载重一千斤，前窄后宽的窄架车也能载五百斤左右。因为道路方面的原因，茶叶之路上行走的鸡公车其实只是很少的一部分。

崇安城距河口镇一百八十里，且多为山路，运送一趟来回要五六天时间。五六百万斤茶叶，需要好几个月才能全部运出。

肩挑茶叶和推着鸡公车的脚夫们，出崇安城西门，沿着闽赣间的古驿道，缓缓地行走在武夷山蜿蜒曲折的山路上。

武夷山，钟灵毓秀，素有"碧水丹山""奇秀甲东南"之美誉。唐天宝七年（748），武夷山被朝廷册封为名山大川。南宋理学家、教育家朱熹称赞武夷山：峰峦岩壑，秀拔奇伟，清溪九曲，流出其间，两岸绝壁，往往有枯楂插石罅间。又有陶器之属，颇疑前世道阻未通、川壅未决时，蛮俗所居，而汉所祀者，即其君长欤。

相传在古时候，武夷山洪水泛滥，彭祖带领当地百姓开山治水。彭祖有两个儿子，一个叫彭武，一个叫彭夷。兄弟俩聪颖过人，智勇双全。彭祖活到八百八十岁，被玉帝召上天成仙去了，临走时只留下一把斧子、一柄锄头和一弯弓箭。他嘱咐两个儿子要继承祖业，开山治水，为百姓造福。两兄弟不忘父亲重托，他们挖出了九曲十八弯，开出了一片片良田，种上了一垄垄岩茶，栽上稻谷和果树。从此，百姓们过上了安宁幸福的日子。人们为纪念这对开山有功的兄弟，就把这片碧水丹山称为武夷山。

崇安古道

崇安县的古驿道最初形成于汉代。元封元年（前110），汉武帝为平定闽越王余善的叛乱，派大臣朱买臣统领三路人马进攻闽越。"一军结余干之水（信江）"，溯源而上，经铅山，凿通武夷山的分水关，修筑能行使车马辎重的五尺道，到达温岭。从此这条古道，成为闽越与中原的经济、文化交流的重要通道。据《崇安县志》记载,崇安的古驿道,太平时则行李往来,车来人往,络绎不绝;战乱时则戎马倥偬,旌戟排空,道所居塞。

古驿道设有驿站、铺递。驿站是古代传递文书的人、调迁的官员、商旅、文人墨客途中休息食住的地方。驿站设有驿吏,下设有马递、水递、步递的兵卒,啬夫、挑夫等,并备有马、驴车辆,舟船,竹筏等交通工具。

大安驿最早设于明洪武初年,后来由于战争的原因,道路被阻断。从中原入闽的人们,大都改走浦城,大安驿从此被废掉。

南宋末年,朝廷退居福建与两广,杨家将的后人被派遣据守武夷山继续抗元。杨家军退到分水关后,在关下二十里处的一个驿馆住了一宿。一觉醒来,天已大亮。这是征战多年来他们睡得最安稳踏实的一夜,于是他们便禀报皇帝,此地大安。从此驿馆所在的小村子就叫大安了。也有传说,由于分水关距其他关隘太近,

童子关、桐木关、观音关和谷口关的道路都交会于此,任何一个关口失利,分水关都可能遭殃,人们为祈求平安,遂取名大安。

大安驿向北行二十余里便是闽赣分界的分水关。

分水关又名大关,是闽赣交通的要冲之地。明末清初历史地理学家顾祖禹在《读史方舆纪要》中记载:"分水岭……山岭峻阻,水流南北两分,南流达闽江,以入于海;北流达鄱湖,以注于江。分水关置于其上。……分水关,县西北分水岭上,接江西铅山县界,为江闽之襟要。……商旅出入,恒为孔道。"明王世懋在《闽都疏》中称:"凡福之丝绸、漳之纱绢、泉之蓝、福延之铁、福泉之桔、福兴之荔枝、泉漳之糖、顺昌之纸,无日不走分水岭及浦城小关,下吴越如流水。"

分水关南北皆为崇山峻岭,山峦起伏,林深路蜒曲,孤村茅店,"一路径行处,盘溪绕山峰"。除分水关所在分水岭外,南有郑家岭,向北有江西境内的乌石岭、车盘岭、紫溪岭等。

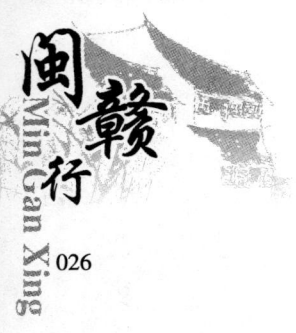

# 八省码头

铅(yān)山县位于武夷山北麓,因县西有座桂阳山,产铅、铜,故称为铅山。同治《铅山县志》记载:"铅山,在县治西南七里招善乡,旧名桂阳山,又云杨梅山,山产铜铅,南唐尝置铅场于此,宋因之名故。"

铅山的陆路交通较为发达。至清朝,县治永平镇有陆路大道四条,东去岭阳关,西去云雾关,南去分水关,北去石溪与上饶县交界处;小路六条,东去黄桂社,西南去马铃关,西南去火烧关,西南去鸭母关,西北去湖头岭,南去桐木关。

紫溪在分水关以北。福建沿陆路运输的货物,运到紫溪后,可以继续陆路前行;也可以装小船,顺紫溪、铅山河再运到永平、河口。

斗笠是紫溪的特产,做工十分精细,当地有"紫溪斗笠石塘伞,铅山女子不用拣"之说。宋陆游曾有《紫溪驿》诗写道:"云外丹青万仞梯,木阴合处子规啼。嘉陵栈道吾能说,略似黄亭到紫溪。"

永平镇在明清时是铅山县治所在。1949年7月,县治才迁往了河口镇。

永平镇的北门外有座横跨桐木江的大义桥,又名北门桥,建于唐朝大历年间,是鹅湖峰顶寺高僧大义禅师所创建,故得名大义桥。此桥最初是木石结构的,清乾隆年间重修时,改为了青石结构。桥长六十丈,宽二丈。远观此桥,鹅峰拱秀,横架南北,雄浑古朴。

佛母岭,在永平镇西北,是永平通往安洲、河口的必经之路。佛母岭上下坡石级以青石板砌成,边建石栏,顶上建有凉亭、石凳供行人歇脚。亭边有眼山泉,泉水清澈甘美,为过往脚夫所喜爱。夏日里,岭上则清风习习,凉爽宜人,故又名清风峡。

大义桥

鹅湖山

鹅湖山又名荷湖山,在永平镇北十五里。因山上有湖,夏日荷花竞相争艳而得名。《铅山县志》载:"其影入于县南西湖诸峰,联络若狮、象、犀、貌。最高者峰顶三峰挺秀。"

鹅湖山北麓群山环绕的山谷里,有一座著名的书院,叫鹅湖书院。

唐大历年间,曾为唐顺宗皇帝讲过学的高僧大义禅师,在鹅湖峰顶营建了寺院,朝廷赐名鹅湖寺。后人将寺院移建到了

驿道旁边，寺名改用过慈济、仁寿等。南宋淳祐十年（1250），朝廷赐名文宗书院。明代景泰年间，书院扩建，并正式定名鹅湖书院。

南宋时期，儒家学者风行讲学，书院发达。南宋淳熙二年（1175），朱熹、吕祖谦、陆九龄、陆九渊等会讲鹅湖寺，各持己见，"相与讲其所闻之学"，这就是哲学史上著名的"鹅湖之会"。他们前后断断续续争论了十四年，到绍熙元年（1190），仍未得出结论，以陆、朱各自保留意见而告一段落。

宋淳熙十五年（1188），辛弃疾邀请陈亮在鹅湖寺共商抗金大计，并约了朱熹，但朱熹因事没有参加。辛、陈二人在鹅湖寺纵谈十日，"长歌相答，极论世事"。

河口镇，古称沙湾市，因地处信江与铅山河的合流之处，故名河口。铅山同知驻河口。同治《铅山县志》载："河口镇，县北三十里，即古沙湾市也。当信河铅河二水交会之冲，

清·同治十二年，《铅山县志》绘河口镇图

在汭口九阳石之上。商贾往来，货物充牣（rèn）。……乾隆四十年改驻湖坊，移军粮分府驻扎于此。按，河口之盛，由来旧矣。货聚八闽川广，语杂两浙淮扬。舟楫夜泊，绕岸灯辉。市井晨炊，沿江雾布。斯镇盛事，实铅巨观。第操奇赢者多践土，甘败类者或潜形。旌别彰瘅，防泛辑安。当必有道以处此。"

河口是有着得天独厚条件的航运港口。

信江流至河口，水面增宽，水流平缓，水深清澈，又有铅山河水南来合流，信江上往来的商货大多都在这里停靠换船，然后再转运到别处。

由河口顺信江而下可达于鄱阳湖，经鄱阳湖出湖口即可进入长江；由鄱阳湖溯赣江而上至大庾，越大庾岭入北江可抵广州；由河口沿信江溯流而上，至玉山转陆路可达浙江常山，进入钱塘江水系。这条水道联结闽、浙、赣、皖、湘、鄂、苏、粤，是江南诸省的水运中心之一，所以明清时河口有"八省码头"之称。

河口镇的兴起约在明中叶。明万历《铅书》记载："以其通于江、达于河也，故凡天下之货又集焉。……顾河口水奥商贾，骈毕藏奸之薮，迩有县佐分驻之议。"明费元禄在《晁采馆清课》中记述："河口，余家始迁居时仅二三家，今阅世七十余年，而百而千，当成邑成都矣。……技艺杂耍，盖期舟车四出，货锚所兴。"

清初，随着社会的稳定、经济的发展，河口进入一个新的繁盛时期。康乾盛世时，有"买不完的汉口，装不尽的河口"之称。

宽阔的狮江江面上，樯如林，船如织，千帆竞发，川流不息。抛锚泊驻的大小船只连绵不断，伸至江心。另外还有成千上万排的竹筏在此游弋或停泊。多时每日停泊大小货船达两千多艘，少时也有几百只，货物日吞吐量达数十万斤之多。有时货船停在江面，三天三夜都靠不了岸。

信江流经铅山一段，又被称为九狮江——因北岸有九座石山排列，如九只雄狮，欲渡过江来，又似踞江拱卫古城，故称

九狮江。

关于九狮江还有一段美丽的传说。

传说很久以前,信江边的一个小村子里住着一个叫秀哥的青年。

一天,秀哥正在田里劳动。突然,天空乌云密布,霎时黑得像锅底一样。西方霹雳声声,狂风骤起。渐渐地,五谷枯萎,六畜倒毙。盼了好几天,还是不见天日。人们无以为食,树皮草根也快吃光了。

秀哥听一位老人说,那是西边大山里的九只黑狮精作怪。它们一发怒,嘴里就喷出黑烟。黑烟化作乌云,铺天盖地,天下从此黑漆漆一团,要等九九八十一年才能天亮。秀哥听后十分着急,忙问有什么办法解救。老人告诉他,在很远很远的大海里有一座仙山,仙山上住着仙女,仙女有只小金鸡,只要金鸡一叫,天就会亮。不过,到那里路途遥远,关山重重,十分艰辛。秀哥听了,决心去找金鸡。他跋山涉水,历尽千难万险,终于来到海中那座仙山上,找到善良的仙女,借到了那只小金鸡。秀哥来到西边大山里,找到黑狮睡觉的大山洞,先将一捆捆干草塞进洞口,点着火,烧着了黑狮精身上的长毛。黑狮精疼醒了,冲出洞口,直扑秀哥。秀哥猛跑,黑狮精穷追。

追到信江边，眼看就要追上了，正在这时，小金鸡突然从秀哥怀里跳出来，在地上"扑扑"一跳，长成一只大金鸡，把秀哥驮过了江，落在对岸一座小山上。秀哥回头一看，只见九只黑狮精一字儿排开在河岸边，前腿已伸进水里，后腿曲在岸上，张牙舞爪正想跃过来。他记起仙女的话，伸手拍拍金鸡的鸡冠。金鸡"喔——喔——喔——"三声长啼。顿时，乌云散尽，东方发白，黑狮精陷在河边，化成了九座光秃秃的石头山，再也不能残害人了。

后来，人们就把金鸡落脚的地方叫作"金鸡山"。站在金鸡山上，可以清楚地看到信江对岸一字儿排开的九只黑狮子。

从此以后，信江这一段也被叫作"九狮江"。

茶叶是河口集散的最主要的商品之一。繁盛时河口有茶庄三百多家。各地茶商云集于此，到处是大客栈、茶行和仓库。这些茶行大多临江而建，以便装船发运。

沿信河岸边有着十余座临江的码头。这些码头从一堡到三堡依次排开，分别是官埠头码头、金家弄码头、巴家码头、井边码头、兴隆口码头、小桥弄码头、常州码头、肖公庙码头、蒋家码头、青石埠码头、万载码头、福星码头等。这些码头通过巷道连着街道，它们大多以与码头相通或相近的街巷命名。码头用巨大的青石或麻石砌筑，有半圆形的，也有长方形或梯形的。

官埠头是官船停靠的码头，码头上有一通青石荣碑，立于

乾隆三十五年闰五月十四日。上刻：一切货物上下，不得擅自挽夺，客商行李应归门夫挑送。

　　金家弄码头，是地方义渡的停靠点，停泊往来于信江两岸的渡船。

　　巴家码头，是河口码头中较大的一个，停靠往来于河口与上饶之间的交通船只。

　　小桥弄码头，又叫贵溪码头，是停泊贵溪、鹰潭运石灰、瓦罐、粮食和杂货船只的。

　　常州码头，主要停靠石溪船只。这些船只运输的主要是来河口销售的煤炭、石灰和纸张等物。

　　肖公庙码头，是运输竹器行业所需毛竹的码头。在河口经营此业的几乎全是抚州人，因而它又被称为抚州码头。

青石埠码头，停靠建昌、余江人的船只，多半装运粮食和瓷器。

万载码头，是从万载驶来的梭子大船的专用码头。

福星码头，铅山的纸张、茶叶、药材、土产等正是从这里上船运往南昌、汉口等地的。

河口镇有街巷数十条，有九弄十三街之称。九弄为严家弄、戴家弄、油篓弄、金家弄、五福弄、旧弄、新弄、石狗

弄、小桥弄；十三街为一堡街、二堡街、三堡街、郑家街、火爆街、旗杆街、棋盘街、工字街、一字街、半边街、永庆街、天星街、新街。另外还有其他街弄，如十字弄、桃花弄、五云第、巴公里、典当边、花园背、官山沿、油麻滩、三角地、方家楼、牛皮厂、石牌湾等等。

一堡、二堡、三堡是河口最繁华的商业区，各类店铺、货栈及各地商人会馆大多集中在此。路面为鹅卵石、长条青、麻石等铺就。沿街的店铺，鳞次栉比，有纸号、茶行、布店、药铺、油行、银楼、酒家以及手工作坊等。南北相向的店屋，均为砖木结构。临街店屋连续多进，头进多为门市铺面，里进一

般为居室、栈房和作坊。铺面宽一至三间不等，大多装有板门，并悬挂牌匾和幌子等。

山西和陕西商人共同修建的山陕会馆在最热闹的一堡街上。西客们财大业大，不但在河口，而且在附近的石塘、陈坊茶乡都修建有山陕会馆。

河口的山陕会馆修建于乾隆初年，甚为宽敞，画栋雕梁，藻井飞檐。前院为雕镂精美的戏台和可容千人的剧场，后院为大殿，两侧有居室。另外，山陕会馆还置有店屋、田地等。

山西商人在河口还设有商号、货栈以及票号等。

道光年间，山西商人在属"镇"的城市设立票号的仅有三处，分别是：江西的河口、安徽的屯溪、河南的周家口。而河口的票号又是江西全省唯一的一处。

随着海上运输和陆路运输的发展，河口逐渐退出了南方八省水运中心的地位。光绪末年，福建的物产已由海上运往上海等地，而浙江的物产通过厦门、福州运往福建等地，再也不需要通过"八省码头"的河口镇来集散了。

现如今，九狮江上，千帆竞渡不再，只有沉着的信水依然平静地流淌；昔日嘈杂喧嚣的码头，安静地依偎在信江岸边，平添了几分孤独与苍凉；沉寂的九狮山，仿佛在为曾经的繁华，默然叹息；风韵犹存的九弄十三街，经受着繁华散尽之后残留的一丝无奈、缄默，如信水西流，追逐着落日在天边残留的余晖。

现在河口镇较为完好地保留了明清繁盛的街道、商号店铺、手工作坊和民居，包括纸号、茶行、布店、药铺、油行、酒家、书局、银楼、会馆、庙堂等等，成为了江西省著名的风景旅游区。河口还能迎来它的又一次繁荣吗？

山西商人采买的茶叶，经陆路由福建崇安运到了江西铅山的河口镇。在河口，这些茶叶将被装船水运至下一个中转码头——湖北的汉口镇。

河口水运茶叶至汉口，先经弋阳、贵溪、安仁、余干顺信江而下，入鄱阳湖，又经都昌、星子，于湖口入长江；然后溯江而上，经德化、瑞昌，湖北黄梅、广济、兴国州、蕲州、大冶、武昌、蕲水、黄冈等地，最后抵达汉阳汉口镇。水路行程约一千三百八十余里。

## 水 运 繁 华

　　信江,古称余水,又名上饶江,是江西五水(赣、信、抚、饶、修)之一,自古即是江西水上运输的重要航道之一。

　　信江发源于浙赣交界的怀玉山区,南流在上饶与发源于武夷山北麓的丰溪水汇合后称为信江。明清时,信江流经广信府

上饶、铅山、弋阳、贵溪，饶州府安仁、余干等县，注入鄱阳湖。

信江流经弋阳称弋阳江，流经贵溪称芗溪，流经安仁称安仁江，流经余干称龙窟河。

信江在余干县的大溪渡八字嘴附近分为东西两支，西支称西大河，西北流，在龙津又分支，至进贤县东部，汇合三塘河后，在瑞洪镇与抚河合流，经康山注入鄱阳湖；东支称东大河，北流至波阳县乐安附近入鄱湖。

由于信江发达的水运，沿岸形成了许多繁华的商业城镇，如贵溪县的雄石镇、鹰潭镇，余干县的瑞洪镇、康山镇等。

贵溪县治雄石镇的信江北岸，有一块红砂巨石半浸在水中。信江东来，直撞石壁，水流受到阻碍，稍稍折向了西南，于是形成了一块三面环水的风水宝地。《贵溪县志》称："雄踞流水，为邑左障。……此石为雄石，此即城关雄石镇镇名之由来。"

鹰潭镇，唐代称鹰潭坊。明万历年间在鹰潭设立了巡检司。清乾隆时，定名为鹰潭司。《广信府志》载："信河，西接鄱湖，南通吉赣。船只往来如织，易匿奸匪。……贵溪鹰潭，实稽查要隘。前经议详，设立巡船。……鹰潭镇，在大河南岸，距县五十里。旧称鹰潭坊。桂氏徙居此，销盐引。乾隆三十年，改神前司为鹰潭司，鹰潭于是称镇。商民三百余家，四境贸易喧盛之市。"

1957年1月鹰潭升为县级镇，1979年撤镇设市。1983年7月升为省辖市。

瑞洪镇商贾聚集，沟通着余干、进贤、新建、南昌、湖口、都昌、波阳等地的商业交流，有"三余首镇，八省通衢"的美称。因濒临鄱阳湖，也时有洪水祸及，人们为祈求祥瑞，所以取名瑞洪。

康山镇在鄱阳湖的南岸，信江由此注入鄱湖的南湖。康山地处鄱阳湖险要，明清时朝廷在这里设有巡检司。

鄱阳湖是我国第一大淡水湖，古称彭蠡泽或宫亭湖。因湖中有鄱阳山，而名为鄱阳湖。

鄱阳湖水域辽阔，有"四百里鄱湖八百里岸"之称。《饶州府志》载："鄱阳湖收江、饶、衢、徽之流，会大江入海，长三百里，阔四十里，中有雁泊小湖，每春涨则与鄱江连接，水缩则黄茅白苇，旷如平野。湖中之山，其最大者，曰康郎

山,在湖西南涯。其近湖西北岸者,曰鞋山,曰大孤山。又湖之西北近南昌、南康之界,有狭处,谓之翳子口。"

鄱阳湖水道是我国南北水上交通的重要航道。早在上古商周时代,干越人就由鄱阳湖水道进入了中原。战国时,吴楚之间的多次战争中,鄱阳湖都是他们运输兵员和粮草的重要通道。三国时,鄱阳湖一直都是东吴水军的主要基地和水运交通的必经之路。晋代之后,鄱阳湖水道同时也成为大量商旅物资转运的水上交通要道。漕粮、茶叶和瓷器是鄱阳湖水运最主要的物资。

鄱阳湖都昌水域秀丽迷人,苏东坡曾写下了著名的《过都昌》诗:"鄱阳湖上都昌县,灯火楼台一万家。水隔南山人不渡，东风吹老碧桃花。"

然而在鄱阳湖南北湖交界之处却有着一片神秘的水域，自古以来这里不知道翻沉了多少船只，令当地渔民和过往的船只惊魂不定，闻风丧胆。

在鄱阳湖南北二湖交界之处有一座山，叫左蠡山。《南康府志》载："左蠡山，在城西北五十里，又名蓝车山。狂澜拍岸，飞沙蔽天，为濒湖第一险要地。上有元将军庙及老爷庙。"

鄱阳湖流经左蠡山时，湖面紧缩成仅六里宽的狭窄水面，"众水归宗,束为一带"，形"如葫芦之中腰"。这段湖面又称扬澜江。

扬澜江"风当八面仝威，浪矗千寻之势，风卷黄沙，沙飞速雾，风助巨浪，浪去波腾。赣江总汇，河流水急，波撼匡庐，行舟过艇，覆没时间，视如虎背"。自古以来，船行至此，舟覆人亡、葬身鱼腹的悲剧不断发生。

扬澜江水域神秘而可怕。过往船民为求平安，便在岸旁的

左蠡山上建起一座老爷庙。水手与渔民常常亲往老爷庙进香、放铳、供上祭品,在庙门前斩杀雄鸡。庙门外那对石狮子上终日鸡血淋漓……

老爷庙里供奉的是一只巨大的大头鼋。大鼋的塑像后面,立着一块石碑,石碑上刻着"威震鄱湖定江王"。据传,明太祖朱元璋与陈友谅大战鄱阳湖时,败逃到湖边,遇到一位渔翁将他渡到对岸,方才得以脱险。朱元璋赐金环酬谢,渔翁没有接受。朱元璋称帝之后,重修了庙宇,将原来的龙王庙改为了元将军庙,后改称定江王庙。当地习惯将"王爷"称为"老爷",所以此庙被称为"老爷庙"。

明清时期,水上货运的税收是国家财政收入的重要来源。明景泰元年,在九江府德化县设九江钞关。由于钞关距鄱阳湖、长江交汇处数十里,无法控制长江下游进出鄱阳湖的船只,不得不在江、湖交汇处的湖口县另设关卡。湖口断崖壁立,风急浪高,没有船只泊岸的港口。为此,演出了不少舟覆人亡的惨剧,税款流失严重,史称"遗算于湖口"。雍正元年(1723),江西巡抚裴幰度提出在星子和德化交界的姑塘设分钞关。于是,姑塘这个原本荒凉的小渔村,有了码头、驿站、会馆、酒肆、茶楼、歌寮,成了商客与船家过往的必经之地。

咸丰八年(1858)九江被辟为通商口岸,十一年(1861)成立九江海关。光绪二十七年(1901),姑塘划归九江海关管辖,成为远近闻名的闹市。

姑塘镇西的鄱阳湖中,有一座孤峰立于水中,形似鞋状,人称鞋山。唐代画家李思训、宋代文学家苏东坡将之称为与彭泽小孤山遥相呼应的大孤山。同治《湖口县志》载:"大孤山(俗讹姑),形如鞋,一名鞋山。在彭蠡湖中。"

大孤山有许多美丽的传说。

一说是在很久很久以前的一天早晨,天上的王母娘娘在天宫梳洗更衣时,一着急不慎踢飞了一只绣花鞋,这只鞋坠落在鄱阳湖中就化成了今日的鞋山。二说是在远古的时候,有一位叫大姑的仙女思凡来到人间,在鄱阳湖边洗脚时因迷恋湖光美景,无意间被冲走了一只鞋,这只鞋漂到湖中化成了鞋山。三说是张天师曾潜入龙宫,偷了龙女一只鞋。他跑至鄱阳湖时挥剑与龙王派来的虾兵蟹将斗法,将龙女的绣花鞋变成鞋山,手中的利剑变成鞋山上的宝塔……

湖口因地处鄱阳湖入长江之口而得名，素有"江湖锁钥，三省通衢"之称，是江西水上的北大门。《湖口县志》载："铁屏横峙于前，石钟环抱于侧；据江湖之险，当吴越之衡。"

湖口有上下两座石钟山。南边一座濒临鄱阳湖的叫上钟山，北边一座濒临长江的叫下钟山，两山相距不到二里。

石钟山上茂林垂荫，修竹掩映，石级小道迂回曲折。石钟山下的石钟洞，是发育于石灰岩山体内的穹形溶洞。当江湖之水浸灌到洞内，水位还没有上升到洞顶高度的时候，风兴浪作，冲击洞顶，洞壁便轰然发声，回音激荡。《石钟山志》记载："上钟崖与下钟崖，其下皆有洞，可容数百人，深不可穷，形如覆钟。"

苏东坡曾三次来到石钟山，并写下了著名的《石钟山记》。

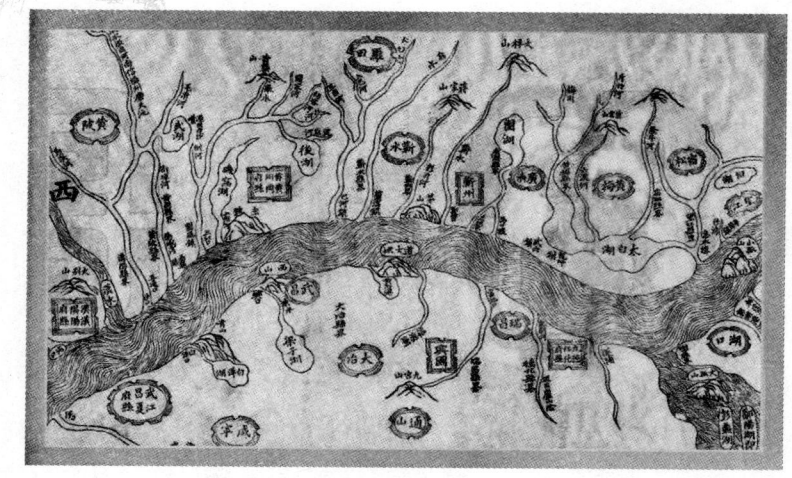

**古长江地理图**

长江是我国第一大河。发源于青藏高原，流经青海、四川、西藏、云南、湖北、湖南、江西、安徽、江苏、上海等地注入东海。

长江航运历史源远流长，最早可追溯到新石器时代。经过几千年的发展，至明清时，长江已经成为我国内河水运的大动脉之一。

长江两岸的数千条支流和众多的湖泊，形成了发达的水路运输网络，在内河交通中占有极为重要的地位。江西湖口至湖北汉口，位于长江中段，是长江航运十分发达的地域。两岸有许多著名的港口、繁华的城镇，还有戍兵驻守的军事重镇。

德化城是长江沿岸非常著名的港口，明清时是我国的四大米市、三大茶市和景德镇瓷器的集散中心之一。

德化最早叫柴桑，先后称过浔阳、九江、汝南、彭蠡、湓城、楚城等。民国三年（1914），为避免与福建德化县同名，改为了九江县。

德化南湖嘴是长江岸边的军事重镇。明洪武年间在此设巡检司，后来又增设官兵，并设置了南湖营，管辖着南岸东至巢湖马当山、北岸湖北广济县龙坪镇至安徽宿松县界沙湾角的长江水域。《庐山志》记载："江矶山东北为南湖嘴山，在鄱阳湖口。山突出湖心数里，作江右湖，势甚险。东引鄱阳，北俯杨家穴，南控扬澜，而与青山、白沙相望。制御水盗，地甚重要。"

广济武穴在长江北岸，湖北、江西交界的地方，是长江北岸一个十分重要的港口。明清时武穴镇商贾云集，舟来楫往。设有巡检司，并有戍兵驻守。1987年，撤销了广济县，设立了武穴市。

兴国州在民国元年废州时设了兴国县，后来的民国三年（1914）又改名为阳新县。

兴国州的长江岸边有一个非常繁华的集镇叫富池镇。富池镇因富河在此出口入江而得名，是滨江往来的重要通道。明清时设有富池口巡检司。

富池镇的北边江中有座人称"楚江锁钥"的半壁山。

半壁山，奇峰拔地而起，矗立在长江南岸。传说是秦始皇挥动赶山鞭，将上游江岸的一座山劈成了两半，半壁留在原地，即西塞山；半壁顺江而下，流到了富池畔，取名半壁山。

半壁山

浩荡的大江流经半壁山处，江面陡然转窄，江流如束，仅宽一里，犹如咽喉门户。崖下江流湍急，惊涛击岸，摄人心魄。

蕲州城也是长江沿岸十分重要的港口。

蕲州因"水隈多蕲菜"得名。民国二年（1913），改蕲州为蕲春县。

蕲州城历来为路、府、州治。依凤凰、麒麟二山，临长江而建，城墙用石头砌成，规模十分庞大。

蕲州城依托长江水运，南宋就发展成为长江中游重要的通商口岸。"民居繁错，蜀舟泊岸甚众"，为过往船只休息补给提供了方便。

蕲州是明代伟大的医药学家李时珍的故乡。

李时珍（1518—1593），字东璧，晚号濒湖山人，家居蕲州瓦硝坝，是明代杰出的医药学家和科学家。著有《濒湖脉学》、《本草纲目》等中医药经典。

大冶县的长江岸边耸立着一块著名的矶石叫西塞山。西塞山下有一座军事重镇土洑镇。

西塞山又名道士洑矶、黄石公矶，俗称鸡头山，危峰突兀，异常险峻。《大冶县志》载："道士洑矶，即西塞山。横踞江面，断崖绝壁之下。漩涡如沸，舟师失色。"

道士洑在西塞山下，古名土洑镇。《土洑镇保宁记》载："夏口至西南四百里，其山曰西塞，其镇曰土洑，相距百丈许。……于行小难山之间，为阙塞也。从此济于土复，土复者，北岸地名也。"

道士洑设有金库，并驻有军队防守和官吏治理。明洪武元

年（1368），道士洑设巡检司。顺治四年（1647），设道士洑营，属黄州府，"领兵数百名，防御江洋"。雍正九年（1731），道士洑设都司、把总、驻马步战守兵，管辖到武穴一带。

浠水汇入大江处称为兰溪口。兰溪口上游五里的溪潭坳河滨峭壁石下，有一大如米瓮的石穴，深约三尺。穴中涌出的泉水，甘洌芳香，特别适于煮茶，用此水所煮之茶，芳香扑鼻，杯不起沫，茶气上升五尺而不散。这就是闻名天下的第三泉。

天下第三泉为陆羽所评。《蕲水县志》载："天下第三泉，在治西南四十里，兰溪镇东数里，南岳庙后。……按：三泉之名，本唐张又新《煎茶水记》云得之。楚僧《煮茶记》，谓代宗朝李季卿刺湖州，至维扬，逢陆鸿渐处士，所笔记次第曰：蕲州兰溪石下水第三，乃二十水中之一也。"

陆羽所评的泉水中，庐山康王谷水帘水第一，无锡惠山寺石下水第二，蕲水兰溪石下水第三，峡洲扇子山蛤蟆口水第四，苏州虎丘寺泉水第五，庐山招贤寺下横塘水第六，扬子江南零水第七……

乾隆蕲水知县邵应龙曾作长诗《己亥腊月舟泛兰溪有客馈茶清甘美询之乃陆羽第三泉也拈笔漫赋》：

我从京口泛江心，第一名泉光皎洁。

又从锡山挹惠泉，泉水清涟香且冽。

二者之外不闻他，茶鼎松风称两腋。
今逢残腊赴兰溪，醉后红炉煮冰雪。
冰雪之味苦太寒，好水难于求赵璧。
忽有人分饷龙团，潋滟杯中浮嫩白。
枯肠顿得三碗浇，真觉清风生两腋。
异哉此味从何得，颇似金山惠泉液。
细询父老所由来，云在此间近咫尺，
茶经陆羽第三泉，浠川胜地名籍籍。
朝来泊棹上山崖，特为前贤觅遗迹。
泉源半亩蓄方塘，荆棘纵横连阡陌。
灵湫偏不受尘污，镜面平铺照眼碧。
持得清泉数瓮归，活火煎烹快吾膈。
蟹眼初看鱼眼生，妙法欲传鸿渐脉。

黄州城西北五里的大江岸边，有一块岩石突出像城壁一

般,因颜色呈赭红色,于是称之为赤壁。《黄冈县志》载:"赤壁,本名赤鼻山,在城西北江滨。屹立如壁,其色赤,亦名赤壁。"因苏轼有赤壁二赋、《念奴娇·赤壁怀古》等名篇咏颂赤壁,康熙末年,更名为东坡赤壁。

长江水流到黄州府东北,江中有一小洲,把江水分为了三股,流至三江口时又汇合到了一处,于是复合的地方便称为三江口。三江口设有巡司和营哨把守,确保武昌蕲黄一带水上交通运输的安全。

黄冈县西北五十里的大江北岸,有一座繁盛的商业重镇叫团风镇。团风镇与县西的阳逻镇,是黄冈沿江的两大重镇,明清都设有巡检司。1995年12月团风镇升为团风县。

阳逻镇,因其地在长江之北,又因三国时孙、刘联军,北拒曹操,刘备士卒在此"旦大逻吴兵之至",遂取一"阳"一"逻",得名阳逻。

阳逻历来舟车络绎,商贾云集,素有"小汉口"之称。

# 九省通衢

汉口,顾名思义即汉水之口。明清时期是与朱仙镇,景德镇,佛山镇齐名的中国四大名镇之一。

汉水在隋朝以前也叫沧浪水,夏水。于是江、汉交汇之处也叫夏口。汉口还曾被称为河口。因为长江的缘故,人们常称汉水为小河。汉水入江处在鲁山,汉口也曾被称为鲁口。汉口又称汉皋、汉镇。皋是水边,汉皋,就是汉水之边。汉口之名,因水因山而得。

汉口原与汉阳连成一片。明朝成化年间，汉水下游连年大水，堤防多次决口，最终在汉阳西排沙口和郭茨口之间决堤东下，形成合而为一的河道，流入长江，把汉阳一分为二。汉水的南边成为汉阳，汉水的北边则成了汉口。同治《续辑汉阳县志》载："汉口镇，在城北三里，分居仁、由义、循义、大智四坊。当江汉二水之冲，七省要道，五方杂处。由额公嗣至艾家嘴长十五里，陆居则蜂房蚁垤，舟居则鱼鳞鹰阵……闻昔兹邑，汉皋最为殷阜，地当八达之衢，舟楫所萃，上自三巴、两粤、南楚，下迄江淮，西则密迩荆襄，商船连樯，几于遏云碍日。百货充轫，摩肩击毂。"民国《夏口县志》载："当江汉交汇之处，水道之便无他埠可拟。循大江而东，可通皖赣吴越诸名区，以直达上海。循大江而南，可越洞庭入沅湘，以通两广云贵。又西上荆宜而入三峡，可通巴蜀，以上溯金沙江……所谓九省之会也。"

明清之际，汉口镇是湖北最为冲要之地，商贾毕集，帆樯满江，有九省通衢之称。清初刘献廷在《广阳杂记》中称："汉口不特为楚省咽喉，而云贵、四川、湖南、广西、陕西、

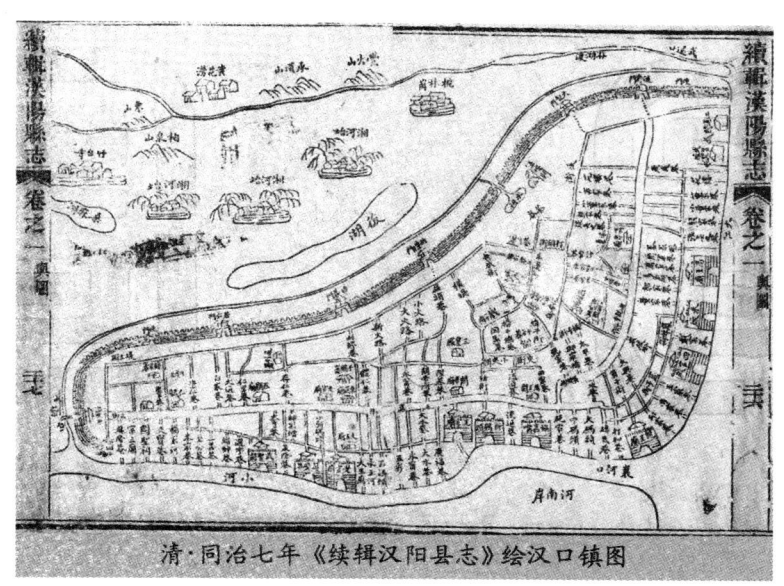

清·同治七年《续辑汉阳县志》绘汉口镇图

河南、江西之货物,皆于此焉转输。虽欲不雄于天下,而不可得也。天下有四聚,北则京师,南则佛山,东则苏州,西则汉口。然东海之滨,苏州而外,更有芜湖、扬州、江宁、杭州以分其势,西则惟汉口耳。"

张之洞在湖广做总督时曾说:"汉口镇,古名夏口,为九

省通衢，夙称繁剧。自通商口岸以来，华洋杂处，事益纷烦。"

汉水在入江口处，水流弯曲，水势平缓，水深适度，水域较大，成为天然的避风良港。明末清初，各地船帆陆续集结，百姓纷纷迁居，发展极快。清嘉庆年间的范锴在《汉口丛谈》中说："汉口之盛，所以由于小河也。……汉水多经曲折，水道狭窄，含沙较多，每至汛期，由上游奔腾而下，一面由小江口出江，一面由大桥口横流入后湖之黄孝河，故汉口之淤渍成洲，势所必至。"

汉口的码头主要集中在汉水北岸。汉水口南岸的汉阳，只是辅助汉口港的泊船码头，其繁荣程度远逊于北岸。

汉水口北岸最著名的八大码头是：老官庙、杨家口、武圣庙、沈家庙、接驾嘴、四官殿、柯家码头、龙王庙等。

沿汉水最早的码头，是建于乾隆元年（1736）的天宝巷码

头。接着第二年便修了杨家河，大水巷、兴茂巷、彭家巷码头。第三年又修了大硚口、小硚口、武圣庙等码头。第四年又修了沈家庙、关圣祠、鸡窝巷、接驾嘴、龙王庙码头。道光八年（1838），又陆续建了鲍家巷、新码头和流通巷码头。

这些码头，都是沿汉水自上而下逐步修建的。从硚口至龙王庙，建有三十五个码头。后来，有些码头逐步成为专用码头。如接驾嘴码头成为薪炭市场码头；沈家庙和杨家河码头成为大米、杂粮和中药的专业码头等。沿汉水的这些码头都很小，仅能停靠内河木船，搬运全由人力，陡峭的河坡，上下艰难。各省来汉进行贸易的商船，均有自己传统的停泊码头。

汉水口两岸所停泊的船只常在两万四五千艘上下。千帆竞渡，通宵达旦。"载货物码头则有二十余处，所有船舶俱湾泊于港内，舳舻相衔，殆无隙地，仅余水中一线，以为船舶往来之所也。"

　　山西商人在汉口经商的项目十分庞杂，有茶叶、烟叶、布匹、药材、丝绸、瓷器、竹木和桐油等等。

　　汉口是山西商人茶叶贩运中最重要的转运站，无论是前期从福建的武夷山，还是后来从湖南的安化、湖北的羊楼洞等地贩运茶叶，汉口都是茶叶转运中的必经之地。"街市每年值茶时，甚属盛望。届时则各地茶商云屯雾集，茶栈客栈俱属充满，坐轿坐车络绎道路，比之平日极为热闹……"

　　山西商人贩运的茶叶，从福建的武夷山、湖南的安化、湖北的羊楼洞等地，水路运抵汉口，换装木帆船，开始逆水汉江的又一段水运行程。

　　自明成化年间汉水改道后，汉口渐渐发展成一个商业重镇，出现了本乡人少异乡人多、九分商贾一分民的现象。这些外来商贾，按地域行业结成帮派，如湖南帮、宁波帮、四川帮、广东帮、江西福建帮、山西陕西帮、徽州帮、药帮、钱帮等，各帮活动和议事的地方便称为会馆或公所。由商人出资建屋，其建筑互竞豪侈，以显示本帮的实力和地位。

据《夏口县志》的统计，汉口各会馆、公所约二百处。这些会馆、公所，推举有会首、会董进行管理，下设庶务、管账、文牍人员等协办日常事务。

汉口是山西商人在南方的大本营，修筑有汉口最大的会馆"山陕西会馆"。

汉口的山陕会馆，最初为关帝庙，始建于顺治年间。康熙

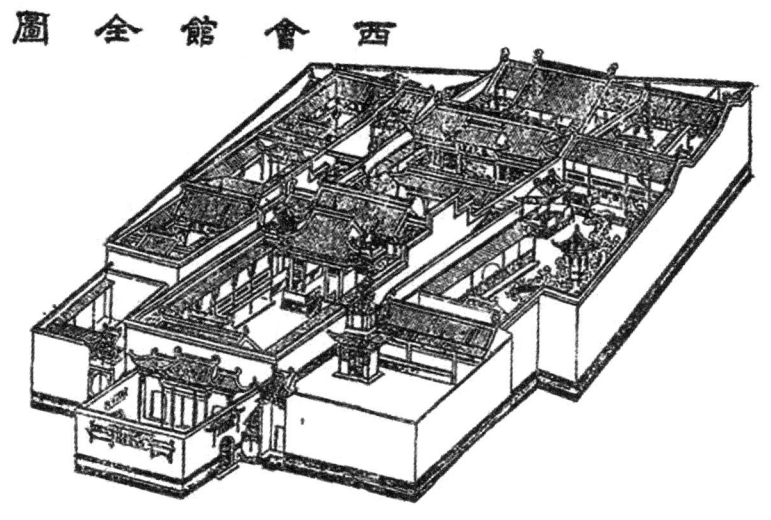

西会馆全图

二十二年（1683），在关帝庙的基础上正式创立了山陕会馆。

汉口山陕会馆规模宏大，巍峨壮观。分为东、中、西三跨院落，院落间用长巷相连。主要建筑十多处。"楼阁台殿，鳞次栉比，陂湖近枕桥，巷曲通隙壤。外疏园厅，内织形势，闳阔梯栈，钩连繁称。"

祭祀是会馆的主要活动内容之一。而且大多数会馆都是在先建神灵庙殿的基础上发展起来的，最先为关圣、玄坛、财神、真武大帝等神灵的庙宇，后来才扩建为会馆。汉口的山陕会馆就是在关帝庙的基础上建立的。

关帝庙祭祀的是关公。因为关公是山西人，以义行天下，最受乡人崇敬。此外，会馆祭祀的还有财神及行业之神。汉口山陕会馆的中跨院就有祭祀关公的春秋楼。

中跨院为四进。两辕门前凿一池，池两边立有铁铸的旗杆。辕门内有照壁。垣内建门亭，入门为正殿。正殿南向为拜殿，东有钟楼，西有鼓楼。正殿北向为韦陀殿。对面春秋楼，供奉着关公。楼前戏台，两边厢房，后面是佛殿。中跨院最后面是厨房，还有后门。

东跨院为三进。由东掖门直接进入前院。进内巷入东便门即东厅，为司事馆役办公场所。厅南为魁星楼，建在丈余高台之上。北、东、西侧各开一窑洞式入口，叫诚敬堂；南侧设二十一级台阶，上建两层高阁，供魁宿神像。东厅右后小门进入怡神园。园中叠石为山，山上有六角厅。东为逍遥楼，西为戏台房。

后接三进院的财神殿。三进院中，东为天后宫，与南面乐厅宫的戏台围合成院；西即财神殿。

**西跨**院为四进。进内巷由南至北依次为骄厅庙、七圣殿、斋厨院、文昌宫，西巷尽端为吕祖阁。

**每逢喜庆**节日，山陕会馆便请来山西梆子戏班演戏，锣鼓齐鸣，甚是热闹。

山西梆子兴盛于乾嘉时期，地方色彩浓郁。借助晋商的势力，山西梆子得以在全国流播，并与当地的民间艺术融合，繁衍出了众多的地方剧种。

# 梅山资水

安化，古称梅山，土著民族多为瑶族。

唐以前，安化和新化统称为梅山，居住在梅山的以瑶族为主，还包括苗族在内的少数民族。唐僖宗光启二年（886），梅山石门峒峒酋向瑰，下诏梅山十峒瑶民，宣布与邵州道断绝关系，成为独立王国。

宋熙宁五年（1072），宋神宗觉得用武力征服不了瑶民，便改用怀柔政策。"重湖之间，蛮瑶错处，不能用武力，一教化同风俗，宜开拓而统领之。"命章惇进山招纳。其邀宁乡沩山长老颖诠，同入梅山，进行和谈。当年十一月，朝廷批准将梅山分置二县，以上梅山为新化县，下梅山为安化县。新化以"王化之一新也"而得名，安化以"归安德化"之义而得名。

安化种茶的历史源远流长。在唐代，安化境内所产渠江薄片就已成为贡茶。五代毛文锡《茶谱》记载："潭邵之间有渠江,中有茶……其色如铁,而芳香异常,烹之无滓也。"

安化黑茶始于明初,最早产于苞芷园,以后溯资江向上扩展,遂遍及全境。安化黑茶以"六洞茶"最为著名,即火烧洞、条鱼洞、漂水洞、檀香洞、深水洞、仙缸洞。邻近等县也仿制黑茶,运至安化各埠出售,品质较次,称为外路茶;而安化本地所产茶则称为道地茶。

清咸丰年间,广东茶商来到安化,开始制作红茶。太平天国起义之前,广东茶商销往广州的红茶同样来自于福建的崇安。无奈战争阻断了茶叶的运输,广东茶商只好自己到安化来种植、制作红茶,当时年产仅十万余箱。同治《安化县志》载:"洪杨义军由长沙出江汉间,卒之。通山茶亦梗,缘此估帆取道湘潭抵安化境倡制红茶收买,畅行西洋等处。称曰广庄,盖东粤商也。"

安化生产的红茶品质很好,《安化县志》称:"方红茶之初兴也,打包封箱,客有昌称武夷茶以求售者。熟知清香厚味,安化固十倍武夷,以致西洋等处无安化字号不买。"

太平天国起义阻断了长江运输线路,恰克图茶叶贸易受到了严重影响。虽然没过多久,商路得以开通,但是,福建地区的茶价却涨得很高。无奈之下,山西茶商开始把买茶的主要目的地,转移到了开始生产红茶的湘西一带。因此茶叶之路在咸丰年以后,开始了湖南安化的新起点。

山西茶商去安化购买茶叶可追溯到乾隆年间,或许更早。可是为恰克图市场的红茶交易专程去安化购茶,早也不过是咸丰年间，或者还要再晚一些。

由于安化红茶的产量有限，不能满足恰克图市场的需求，山西茶商便把一部分安化的黑茶也带到了恰克图。想不到的是，黑茶在恰克图也颇受欢迎，并且成了恰克图茶叶贸易中的主要品种。为了便于长途运输，山西茶商把黑茶制作成砖茶和千两茶。

砖茶长约七寸八，宽四寸四，厚半寸。千两茶也叫三和茶，茶柱长约五尺，周长一尺七，因每棒茶重一千两而得其名。

山西茶商在安化收购加工茶叶是通过当地的茶行进行的。

安化茶行在兴盛时的咸丰同治年间达三百多家，多集中于资江两岸，如苞芷园、小淹、边江、江南、鸦雀坪、唐家观、酉州、黄沙坪、乔口、东坪等地。山西茶商记述去安化购茶的

《行商遗要》中记有："设立茶行者为一都三都之境。开行埠头：小淹、边江、江南、雅雀坪，俱一

都之界。株溪口、酉州、黄沙坪、硚口、东坪,俱三都之界。"

由于山西茶商在安化收购加工茶叶的地域较为分散,所以从安化运输茶叶,不像在福建崇安那样有一个十分明确的起点。据有关资料记载,安化的茶叶基本上集中在黄沙坪和边江两个地方运出。

黄沙坪是一个临资江而建的小镇,因茶而兴,"茶市斯为盛,两岸人烟稠"。黄沙坪有钱庄、绸店、当铺、药房、米店以及各类作坊、曲艺、唐班等等,街市十分繁荣。沿岸不到三里的地方就有十三个船码头,其中九个主要用来装运茶叶,有源生昌码头、三德玉码头、梅蓝货运码头、永泰福码头、福音堂码头、谦益盛码头、琦公码头……

安化虽属湖南偏远地区,但是交通还算便利。沿资水,入洞庭,经长江达汉口,也是一条传统的水上运输航线。

山西商人贩运的茶叶,在安化黄沙坪或边江装船,沿资水顺流而下，经益阳、湘阴，于临资口进入湘江航道；沿湘江北行，驶入洞庭湖；过巴陵，于三江口进入长江航道，经临湘，湖北嘉鱼、江夏，抵达汉阳县汉口镇。

资水有两源，夫夷水和赧水。夫夷水又称罗江、夫彝水，发源于广西资源县，往北、北东方向，自新宁县进入湖南，再与源出城步县的赧水相会于邵阳县双江口，始称资水。两源汇合后，东北流经新化、安化、桃江、益阳等，至甘溪港注入洞庭湖。资水在邵阳下游的小庙头以上称上游。小庙头至益阳马迹塘为中游。两岸山峰耸立，陡险异常，资水横切雪峰山，形成峡谷险滩，陡崖夹峙、水势险急，俗有滩河之称。马迹塘以下，河床多沙洲浅滩，南岸仍多山地；益阳以下为平原。甘溪港以下为尾闾段。

资水分为南北两支，北支经黄口潭至大港子入南洞庭湖，南支经南湖洲出临资口，与湘江西支汇流入湖。

资水上的木帆船，不同的地方有不同的船型。小船大多由一家人驾驶，大船由老板雇人驾船，亦有合伙驾船的。大家以船为家，住食都在船上。船工分掌舵、摇桨、背纤三种。掌舵工又称元子号。船上除船老板外，元子号最有威信，有二老板之称。元子号不仅要精通船只的保养和管理，还熟悉水情、航线及风向。头纤工的地位与佣金次于掌舵工，但高于摇橹工和一般纤夫。纤夫有固定的或临时雇请送上水的。

过去行船跑风全凭个人经验判断。每次行船，都很怕出事，因而行船人言语十分谨慎，禁忌颇多。心里没底，就寄托于神明。在资江行船，船民都信奉魏公菩萨；在洞庭湖行船，则要敬祀洞庭王爷。经过历代传承，船上的旧习也有很多。如忌讳女人上船头；抹船时需看船上是否装了货物，空舱时先要从船头往船内抹,意思是有货来装,生意兴隆;满载时先要从舵房往外抹,寓意卸货迅速,诸事顺利。在船上吃饭也很有讲究。开船前吃饭,揭锅盖盛饭时要看行船需要什么风,要对准风向那边舀饭,俗称开口风;吃饭时,只能蹲,不能坐,据说,坐下吃饭会沉船;还有汤匙不可翻边倒放,饭碗不准倒置等等。

《资水滩歌》是流传在资水船工中的一首民歌,十分详细地记录了资水水上运输的情况。在"下滩歌",即顺江而下的行程中,这样唱道:

……
烟溪洗米兰坪地,抬头看见碗米山。
碗米煮粥兰坪卖,下面鲤鱼豆子山。
沙湾行船把河过,望见陶澍好坟山。
坟山景致看不尽,看事容易做事难。
小淹有个老鼠石,对门有座水月庵。
小淹叫做大云塘,鱼公怕了鸡公山。
鹅至溪口出杉木,筲箕坐米杉树滩。
杉树就把排来做,梅子塘里把船湾。
斗米养鸡庙湾里,里手出在丁家湾。
一橹二橹花园里,中兵脚下大兵滩。
大兵滩里斗子石,高山园里把愿还。

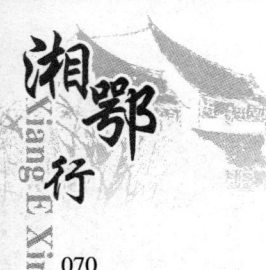

蒿草园里立锅厂，敷溪叫做干肠滩。
（以上在安化县境内）
七里滩下塘湾地，裟衣拱起天河滩。
云盘摇把纤来扯，龙王洲上七星滩。
董金滩下汪家渡，汪家河里马脑滩。
一朵莲花不结子，鲑鱼走在泥波滩。
好个莲花不结子，马迹塘里是白滩。
上武潭来下武潭，抬头望见莲子湾。
龙拱滩在栏杆上，鲑鱼底下五婆滩。
猪牛放在栗山里，放猪容易寻猪难。
好个王婆盖锦被，王婆底下童子山。
吊钟塘里相公石，修行学道在龙庵。
皮溪沟里麻流水，抬头望见麻竹山。
筲箕要把米来淘，木鱼洲上相公滩。
童子山上吊钟广，三堂街下把船湾。
新开洪里黄丝渡，花树底下磨子滩。
倒挂金钩结茄子，果然到了茄子湾。
九峰塘里出磨石，沾溪石洞竹叶滩。
竹叶洪里樟树函，黄狗赶过十硐滩。
茶亭河里无茶吃，美女晒羞是修山。
书堂街上养鸽子，月门底下筲箕湾。
金封洞下有一庙，木鱼坐在横口滩。
纤封寅卯赤足走，打马游街李公滩。

桃花江里和尚石，急忙快把舵来扳。
宝塔又把水口坐，王婆滩下把牛关。
鹅公飞落毛脚口，新桥河里把船湾。
龙尾滩上现高手，青龙滩下把门关。
千只湾在三保甲，毛板靠在鳊鱼山。
到岸老爷打牙祭，大家兄弟把心安。
姑娘叫做三仙会，玉石碟子摆中间。
益阳开船往汉口，抬头望见鳊鱼山。
魏公庙里把神敬，王庄对门犀牛山。
厘金关上把关过，宝塔坐在清水滩。
八母滩上子望母，黄茅洲下何家湾。
沙头滩上把米买，开船又走金阳滩。
羊角抬起头来看，只见鞭把口又宽。
吩咐艄公紧把舵，来到毛角把口参。
三人河里松水过，开船又走邹塘湾。
橘子庙里算八卦，姑嫂二人把花攀。
（以上在益阳县境内）
关公坛下白马寺，色子庙里是大湾。
轻轻出了临资口，牛屎仓里无人湾。
元潭坛上观天色，羊雀港里把船湾。
仔细心中来思想，米关立在芦林滩。
鱼骨庙里香一炷，姑娘港下云头滩。
羊节港里来思想，土星士林两港滩。

若是风暴不好走，不敢过湖赊刀湾。
白鱼跃水鳞来现，崇山港里船难湾。
陈口坛上抬头望，果然到了蚂蟥滩。
长沙一蛰到铜官，清石云田垒石山。
（以上在湘阴县境内）
张家套里把篷放，扎矶嘴里买鸡蛋。
万寿湖里大龙坛，干水铜盆湖也干。
鹿角落在高山上，龙虎嘴对龙虎山。
金泊港里抬头望，雷公湖里一鞭山。
南京港里癞子石，岳州有个厘金关。
北门港里来思想，想起当初七里山。
城陵矶下金河老，擂鼓三通过五关。
（以上在岳阳县境内）
善湖港里躲风暴，港内又立检察关。
开边有个巨凳石，白罗套笼心胆寒。
就在鸭潭分南北，鱼矶地界是湖南。
（以上在临湘县境内）
王家宝贝来金宝，新堤立起过排关。
毛铺对门太平口，骨花洲上把心安。
六金口里出广粉，对门就是孤溪湾，
玉皇便把厘金立，船湾宝塔洲过关。
龙口那见龙开口，抬头一望石璃关。
家溪有个上甲口，鱼码头来把鱼担。

燕子窝里出燕子,上林花口把花观。
排洲对门青潭口,顺田一路空江湾。
（以上在嘉鱼县境内）
东阁老走慈丘口,金口对门大金山。
涓口又把老关过,风暴船湾荞麦湾。
鹦武洲上抬头看,望见武昌确非凡。
洞宾神仙把楼坐,黄鹤楼下是蛇山。
河北锁里打一看,望见汉口有龟山。
好女解得金银带,沈家码头把船湾。
汉口窜心八十里,不知街面几多宽。
七十二条倒巷子,九十九条下河街。
千猪百羊万石米,城内城外一船茶。
有钱汉口真好耍,无钱汉子样样难。
问君走到何方好,船弯码头心始安。
船夫纤工初见识,花花世界一样看。
（以上在江夏县境内）

资水流经益阳县桃江镇一段,又被称为桃花江。据《益阳县志》记载:"桃花江,治西南六十里资水所径,昔居人种桃夹岸因名,右纳桃花港,下有桃骨山。……桃花江,资水所过之名。桃花港,杨柳溪尾之名,在桃谷山西盖缘山为号,江又缘港为号也。"

元中统五年（1264）,在全国驿站附近水道、关津渡口普设塘汛。益阳境内设置了桃花江塘、舒塘、三堂街塘、马迹塘等。桃花江镇因驿站和塘汛的建立，逐渐形成市井集镇，繁华起来。因弄溪在这里合杨柳溪汇入资水，桃花江镇也曾被称为弄镇、弄溪镇。又因桃花江而得名桃花江市，民间则习惯称桃花港。

1951年自益阳县析置了桃江县，桃花江镇成为桃江县县城。

马迹塘镇是安化、新化等地货物集散的重要商埠。

马迹塘因关羽马跃资江，在礁石上踩出了两个马蹄印而得名。同治《益阳县志》载："紫云宫前沂溪潭中有石，上有马蹄印迹，相传为关羽神马所留，故称马迹塘。"

三堂街原来只是个小渡口，只有一条渡船和一个茅草棚子。唐时，秦叔宝来这里修龙牙寺。为了粮草的供给，龙阳、沅江与益阳三县相互推诿。叔宝大怒，责令益阳、汉寿、沅江三县县令，在此设立公堂，督办粮草事宜。三县县令同时设立了各自的公堂。随着公堂的建起，粮库、草料房、差役、驮夫等的住宿设施相继建成，行商坐贾也蜂拥而至，开店设铺，从此就有了繁华热闹的三堂街。

益阳城在资江的北岸，始建于明洪武年间。

益阳城资江岸边修建着许多码头，其中以大码头、石码头、向家码头最为气派，并因此形成了头堡、二堡和三堡。自贺家桥到轩辕殿为头堡，轩辕殿至人和码头为二堡，人和码头至接城堤为三堡。衙署、官廨集中在城内，三堡为商业中心，街市全长约十五里，用麻石砌成。街道两边盖着密密麻麻的房屋和铺面。从三堡到贺家桥近十里的街道上，整洁不积水的麻石路面无泥又无尘，而延伸得很宽的铺面屋檐遮风又挡雨，即使是雨天上街，也不用打雨伞、穿雨鞋。街道两边的商业铺面，衣、食、住、行、玩、乐，无所不有。

益阳城又称为银城。有一种说法叫：铁打的宝庆、银铸的益阳、纸糊的长沙。《益阳县志》记载："外客集焉，故多开充牙行，或自行囤贩，次则屠沽小肆，其余诸货，则皆苏杭闽广豫章诸省客商营运，居奇于此，盖益滨资水，上通宝邵，下达江湘，舟楫流通，百货易集，故有金湘潭、银益阳之称。"

湘江是湖南四水（湘、资、沅、澧）之首。湘江下游江面宽阔，水流量充沛，水运极为便利。水运内航可达湘、资、沅、澧四水，外航可过洞庭，入长江，达鄂、赣、苏、浙、皖、沪各省。

湘　江

湘江发源于广西临桂县，至兴安以灵渠分水与漓江沟通，兴安以下始称湘江。东北流经八斗岭，入湖南东安县，经零陵、衡阳、湘潭、长沙，在湘阴县濠河口分左右两支汇入东洞庭湖。

湘阴县的湘江航道上有一座著名的灯塔，叫拱极塔。拱极塔修建在一个叫白鱼岐的石矶之上。

拱极塔建于乾隆初年，由营田西山的易氏倡议所筑。塔为七层八面，一层一丈，塔身共计高约八丈余。除塔顶为铣铸之外，其余都是用麻石构筑而成的。质地坚硬，朴实无华，高拱凌云，气势雄伟。塔顶装有一盏明灯，光芒四射，彻夜不熄。远浦归来的船帆，得以辨明方向。"南人北，北人南，上潇湘，下洞庭"，商旅之人均赖此塔以导航。

湘江有一条著名的支流，叫汨（mì）罗江。汨罗江因屈原闻名于世。1966年自湘阴县析置了汨罗县，1987年升为汨罗市。

屈原，名平，字原，战国末期楚国丹阳人。屈原倡导举贤授能，富国强兵，力主联齐抗秦，遭到贵族子兰等人的强烈反对。屈原被赶出都城，流放到沅、湘一带。流放中，他写下了《离骚》、《天问》、《九歌》等不朽诗篇。昭襄王二十九年（前278年），秦军攻破楚国京都。屈原于五月五日，在写下了《怀沙》绝笔后，抱石投汨罗江而死。

传说屈原死后，楚国百姓哀痛异常，纷纷拥到汨罗江边去凭吊屈原。渔夫们划起船只,在江上来回打捞他的真身。有位渔夫拿出饭团、鸡蛋等食物,丢进江里,说是让鱼龙虾蟹吃饱了,就不会去咬屈大夫的身体了,人们见后纷纷仿效。一位老医师则拿来一坛雄黄酒倒进江里,说是要药晕蛟龙水兽,以免伤害屈大夫。后来为怕饭团为蛟龙所食,人们想出用楝树叶包饭、外缠彩丝的粽子。以后,在每年的五月初五,就有了划龙舟、吃粽子、喝雄黄酒的风俗,以此来纪念爱国诗人屈原。

在湘江与汨罗江交汇之处,有一些地名还与屈原投江的故事有关。

相传,屈原投江后,女须闻信,沿汨罗江寻找打捞。寻到湘水琴棋望的时候,仍不见屈原,便掷一金钗于河中,以祭河神,求其相助打捞屈原的尸体。于是琴棋望后来又被叫做了"金鸡望"。

沉沙港,原叫河泊潭。相传屈原和衣葬身于河泊潭中,但溺而未死,待衣裤装满泥沙才沉了下去。人们为了纪念屈原,就将河泊潭改名为"沉沙港"。

洞庭湖位于长江中游,号称八百里洞庭,是我国第二大淡水湖。湖中心有座葱翠常绿的小山,名叫洞庭山,洞庭湖便因此而得名。

相传禹帝南巡,娥皇、女英随后赶来,船被风浪阻挡在了洞庭山。听到禹帝在苍梧突然死去,二妃悲痛欲绝。扶竹南望,涕泪纵横,点点泪珠洒在竹子上,竹子呈现出了斑斑点

点。从此洞庭山的竹子便叫成了湘妃竹,也叫"斑竹"。二妃也因悲痛过度身亡,葬在了此地。二妃称为君妃、湘妃,后人为了纪念她们,就把洞庭山改为"君山",也叫"湘山"。

洞庭湖的岸边有一座与武昌黄鹤楼、南昌滕王阁并称为中国江南三大名楼的岳阳楼。

岳阳楼是岳阳城西门的门楼。宋庆历四年(1044),滕子京谪守巴陵郡,重修岳阳楼,并请范仲淹作《岳阳楼记》。据《洞庭湖志》记载:"岳阳楼在岳郡西门城上,创始未详,南北朝颜延年《登巴陵城楼》诗,已有'清氛霁岳阳'之句。宋知军州滕宗谅重修,有经略范仲淹记。

……考此楼自唐开元间张说守是州，与才士登楼赋诗，楼名始著。至宋以滕宗谅修楼，范仲淹作记，苏东坡书，邵竦篆额，时称岳阳四绝，而名重天下矣。"

三江口是洞庭湖、荆江和扬子江汇合的地方，南扼巴岳，北控荆襄，东镇吴越，是洞庭湖进入长江的必经之处。清澈的

洞庭湖与浑浊的长江在三江口汇合，两水泾渭分明。岸边的城陵矶，隔江与湖北监利县相望，是湘北水运的门户。城陵矶南绾三湘、北控荆汉，扼洞庭湖贯通长江的咽喉，历来为兵家必争之地。

临湘县城陆城，三国时是吴国都督陆逊屯兵操练水师的地方。民国十九年（1930），临湘县治由陆城迁到了交通更为便利的长安驿。

临湘城外的江边有一块临湘矶，人称大矶头，也叫寡妇矶。相传，有一个商人用船只运盐，沿长江溯水而上。行至大

矶头的时候，忽然狂风骤起，暴雨急至。一时江水翻滚，大浪肆虐。船夫们虽然拼尽了全力，但最终还是落得个船覆人亡。噩耗传到商人家中，妻子悲痛欲绝。她发誓要修建一片平整的矶头，以方便过往船只的航行。于是她变卖全部家产，请来劳工和艺匠，日夜劳作，把岸边矶头参差不齐的石头休整平直，从而降低水流速度。从此，后来过往的船只再也不会因为水急浪高而提心吊胆了。

嘉鱼因县西北有鱼岳山，又盛产嘉鱼，取《诗经·小雅·南有嘉鱼》之意，而命名。

嘉鱼县的石头水汇入长江之处有石头口镇，明清时有巡检司，还设有水驿。现在是赤壁市的赤壁镇。

石头口镇滨江有赤壁山，江北为乌林，是三国周瑜火烧曹操战船的地方。《嘉鱼县志》载："赤壁，在县西六十里，与乌林相对，即周瑜破曹

操处。山石峭立,上有'赤壁'二字,乃周瑜所题。……祭风台,与赤壁相连,山顶有台,相传诸葛亮祭风于此。"

曹操于建安十三年(208)七月,自宛挥师南下,欲先灭刘表,再顺长江东进,击败孙权,以统一天下。九月,曹军进占新野,屯兵樊城的刘备仓促率军民南撤。在长坂被曹军大败,于退军途中派诸葛亮赴柴桑,说服孙权结盟抗曹。孙权命周瑜率水军溯长江西进,迎击曹军。十一月,孙刘联军与曹军对峙于赤壁。曹操将战船首尾相连,结为一体,以利演练水军,伺机攻战。周瑜采纳部将黄盖所献火攻计,并令其致书曹操诈降,曹操中计。黄盖择时率蒙冲斗舰乘风驶入曹军水寨纵火。曹军船阵被烧,火势延及岸上营寨,孙刘联军乘势出击,曹军死伤过半,遂率部北退。赤壁之战为魏、蜀、吴三国鼎立

奠定了基础。

嘉鱼县治沙阳城和簰洲镇，都是长江中游的繁华重镇。长江中下游来往航行的大小舟筏都会在这里靠岸停歇，添加补给。

沙阳城建于明正德年间。1960年改名为鱼岳镇。

簰洲镇是因为四川、湖南顺江下来的木排、竹排都停靠在此而得名。明清时设有簰洲塘水驿。

江夏金口镇，以金水河入长江之口得名，有黄金口岸、小汉口之称。先后治过沙羡县、汝南郡、汝南县、江夏县等。

金水河原名涂水，为纪念大禹之妻涂山氏得名。宋代，因这里发现了金矿，而改涂水为金水。清金口人段灿在《金口镇即汝南旧治记》中描述："金口镇即古涂口，晋隋间汝南旧治也。口为西梁、斧头、鲁湖、东西湖，前后湖诸水所由出。距口比屋而居者，星布棋列如画，四方百货，日夕辄集，舶舻帆樯，络绎不绝。莫不知斯地为人物辐辏之所，殊不知昔时曾为郡县治也。"

# 砖茶之乡

山西茶商在赴湖南安化购茶的途中，路过湖北湖南交界的羊楼洞一带，发现这里的地质气候非常适宜茶树的种植，于是从咸丰末年开始，便在这一地区进行了大规模的茶叶种植和加工。

羊楼洞在蒲圻县西南六十里，是湘鄂交界的要冲之地。据《蒲圻县志》载："其上，则滇、黔、粤、蜀有事于二京，各省凡从岳阳出者，则以之为武昌之户而入；下则二京以至秦、晋、梁、江、浙、闽、两广、黔、蜀，凡从武昌入者，则以之为武昌之户而出。"

山西茶商从汉口赴安化的线路为：从汉口过长江经江夏县、咸宁县、蒲圻县官塘驿、中伙铺、蒲圻城、港口驿、羊楼洞，湖南临湘县、巴陵县、湘阴县、益阳至安化。羊楼洞是汉口去安化的必经之地。

唐太和年间，皇帝诏令天下普种山茶。从那时起羊楼洞便开始了茶叶的培植和加工。虽经宋元明的发展，但一直没有形成较大的规模。直到咸丰末年，由于大批山西茶商的到来，才使得羊楼洞的茶叶种植加工，发展到了一个鼎盛时期，并且带动了整个鄂南以及湘北地区茶叶种植加工的发展。东至通山，南至通城，西至临湘，北至咸宁，遍布茶山、茶庄。同治《重修崇阳县志序》中说："暮春谷雨后，茶庄盛开，邑之男女以茶为业，或采或贩，或

挑或拣,以及车夫舟子,缗之所入,岁以万计。……歌笑于市,声成雷,汗成雨。"清周顺倜有《莼川竹枝词》描写当时种茶制茶的情形:"三月春风长嫩芽,村庄少妇解当家。残灯未掩黄粱熟,枕畔呼郎起采茶。茶乡生计即乡农,压作方砖白纸封。别有红笺书小字,西商监制自芙蓉。"

山西茶商在羊楼洞设庄收制砖茶,据说可追溯到康熙年间。清叶瑞廷在《莼蒲随笔》中记曰:"闻自康熙年间,有山西估客购茶邑西乡芙蓉山,峒人迎之,代收茶,取行佣。估客初来颇倨傲,所买皆老茶,最粗者,踩作茶砖。"

虽说山西茶商很早就去过羊楼洞,但是,茶叶之路形成之初,山西茶商买茶的主要地方,还是在福建的崇安地区。真正大批量地种植、生产、加工,还是要到咸丰年以后,同治年间达到鼎盛。

羊楼洞最盛时有茶庄近百家。另外,通山的杨芳林、咸宁的柏

墩、崇阳的大沙坪和通城的茶市，都有山西茶商设的茶庄。

山西茶商在鄂南和湘北地区，进行茶叶收购加工，涉及的地域非常广泛。茶叶的运输情况也十分复杂，大致归纳为两条线路：水路出黄盖湖经长江至汉口。入黄盖湖前又分二线，以羊楼洞为起点，经新店河入湖；以聂家市为起点，经源潭河入湖。陆路由咸宁柏墩经江夏至汉口。另有以柏墩为起点，经淦水入斧头湖，再由金水至金口入长江的水路。

湖北蒲圻羊楼洞的茶叶，先经陆路，运至新店；装船沿新店河，入黄盖湖，经石头水，于石头口入长江航道。由于茶叶采买地的又一次转移，使得"茶叶之路"再次缩短了六百余里。

崇阳大沙坪的茶叶，先沿隽水下至天城镇，再从陆路经桂口，运至羊楼洞。

咸宁柏墩的茶叶，可沿淦水北过县城入斧头湖，由金水至金口入长江达汉口。

柏墩陆路，北经咸宁城、贺胜桥；入江夏县境，又经纸坊、长虹桥、江夏县城，过大江抵汉口。

临湘聂家市的茶叶，由经源潭河入黄盖湖，经石头口入长江航道，水运至汉口。

在羊楼洞东三十里的崇阳县境内，有一个很有名的集市叫桂口，也叫黄土磅。山西茶商在黄土磅设有茶叶收购站，集散崇阳县的茶叶，运到羊楼洞去加工。由于收购站的开设，黄土磅客商云集,店铺栉比,门庭若市,人称"小羊楼洞"。

崇阳境内主要的茶叶生产地在大沙坪一带。大沙坪地处隽水河畔,为来往船只停泊的重要码头。大沙坪的茶叶外运,先沿隽水下至县治天城镇,再由陆路经桂口,运往羊楼洞。

隽水亦名陆水,又称桃溪。《崇阳县志》载:"崇阳河,即陆水;一名隽水,一名桃溪。四山环绕,溪流清澈。崇水之大者,源出通城,东北行入崇阳县界。"

咸宁县的柏墩是山西茶商在鄂南又一主要生产加工地。

柏墩镇区原有八个天然土墩,墩长柏树,咸宁方言"八"与"柏"音近,于是得名柏墩。

砖茶作坊

柏墩东南与通山、崇阳两县相邻,是咸宁重要的茶叶种植地,也是咸宁南部的水陆码头和物资集散地。《咸宁县志》载:"马桥、柏墩地方植茶最广。"

咸宁、通山、崇阳三县部分地区所产茶叶,多集中在柏墩茶庄加工成砖茶外销。山西茶商与本地商人合股开设的茶庄,占据了柏墩整个一条街。

柏墩在咸宁城南五十里的淦水上游。柏墩生产的砖茶,沿淦水北过县城入斧头湖,由金水至金口入长江可达汉口。但是,淦水并不是长年可行驶船只,只有春汛期才能行驶一些小木船,所以柏墩只能算做半个水码头。

临湘羊楼司、聂市是山西茶商在湘北地区最主要的茶叶地。另外,五里牌、桃林、横铺、长安等地也有生产加工。

羊楼司地处湘鄂边界,是湖南四大边境重镇之一,有"小汉口"之称。相传元朝期间,朝廷向南方推广养羊技术,设司管理,因名羊楼司。羊楼司的茶叶经陆路二十里运至羊楼洞进行加工。而其他地方的茶叶集散在聂家市,加工成砖茶,由源潭河经黄盖湖出长江,水运至汉口。

聂市是临湘最大集镇。镇上有十家砖茶庄,九家红茶庄,收购茶叶的店铺数十家。这些茶庄店铺大多是山西茶商开设的。

# 逆水汉江

汉江，古名沔水，又名汉水、襄河，是长江中游最大的支流。

汉江有南、北、中三源，即漾水、南河、沮水。漾水东行至炭厂市，南源南河来汇，至沮水铺，北源沮水来汇。三源汇合后，至武侯镇高家泉出峡，进入汉中盆地。过均县后，东南流经老河口、谷城、襄樊、宜城、钟祥，进入下游平原地区，过潜江、天门、仙桃、汉川、蔡甸等县市，在汉口龙王庙注入长江。

汉江自古就是我国著名的内河水运航道，沿江有许多著名的码头和港口。比如汉川的系马口，沔阳的仙桃镇，天门的岳家口，潜江的张集港，京山的多宝湾，荆门州的沙洋，钟祥的旧口、石牌、丰乐河，襄阳的樊城等。

山西商人贩运的茶叶，在汉口换装适合汉水行驶的木帆船，逆水而上，途经汉阳、汉川、沔阳、潜江、钟祥、宜城，抵达下一个中转码头——襄阳府的樊城镇。

汉川城是汉水岸边一个繁华的临江港口，每天都有几百只货船停靠在汉江岸边，经常出现百舸堵河的情况。汉川城有东、南、西、北及欢乐街五条街道、五座城门。东临汉水，有三个码头，分别是当码头、官码头和轮船码头，

汉川系马口是汉江边的一个繁华大镇。相传东汉建安年间，诸葛亮授计关羽，带领一支人马抄近路追赶曹操。关羽来到汉江边的一处小渡口，只见渡口边一个旧木桩上系着一条小船，却没有摆渡的人。关羽将马系在木桩上，去寻人摆渡。岸边不远的地方有一座小小土地庙，庙前有个人正在烧香磕头敬拜土地神。关羽急忙上前打问。那人说：近些日子河中时常翻船，不敢过河。我许愿烧香一月，以求土地保佑。今日还剩三天，请将爷三天以后再来吧。关羽无奈，准备另想办法。回头再看时，赤兔马的马鞍却已经顺汉水漂流下去，没多远便沉入了水中。沉下去的地方突然冒出一座小山，将汉江堵住一小半，水流立刻缓慢下来。于是关羽的人和马安全顺利地渡过了

汉江。从此以后，这里再没有发生过翻船的事情。渡口也渐渐兴旺起来，慢慢形成一个集镇。人们把渡口取名为系马口，将小山叫做马鞍山。

在沔阳州汉水之南，有一条支流，名叫锦瑞河。在锦瑞河与汉水相汇的地方，形成凤颈分流的两河三岸。汉江之水流经此处速度减缓，水上过往舟楫渔船可以停泊在此，于是形成了码头。嘉靖十年（1531），沔阳州府派官驻此统领船运事务。四十三年（1564），又派驻军防匪。从此这里开始商贾云集，日渐繁荣。明末，李自成起义军逼近沔阳，官府增兵驻守布防，取名仙镇哨。继而又设立了仙镇公署，后命名为仙桃镇。光绪《沔阳州志》称："仙桃镇距州六十里，滨襄河，水陆要

汉　江

冲，人物殷实，与沙湖、新堤为沔阳三大镇。"

1952年，沔阳县治迁入仙桃镇；1986年，撤沔阳县，成立仙桃市。

关于仙桃镇得名的由来，还有许多美丽的传说。

相传很久以前，一群仙女手捧仙桃前去为王母娘娘祝寿。路过沔阳的一个小镇，见这里景色秀丽，人杰地灵，仙女们就想试试这里的人心如何，于是挑了一担桃子在此叫卖。结果来买桃的人很多，仙女问：你们买桃子给谁吃？青年人说：孝敬老人的。老年人说：是给小孩的。仙女一听，连声称赞这里的人有尊老爱幼的美德。为了让更多的人能吃上桃子，仙女便将没有卖完的桃子往地上一掀，顿时这里就长出了十里桃林，随之开花结桃。人们见了都高兴地说：这是仙人仙法长仙树，仙桃仙花结仙桃。从此，这个地方就取名叫仙桃了。

仙桃镇被汉水分成了南北两岸。北岸的衙门街是沔阳州三衙衙署所在地。三衙署原设在州署右面，顺治十四年（1535），迁到了这里。衙门街，从街前河堤到螺丝湾，长约一里，东有观音阁、城隍庙，西有春秋阁。从衙署到月湖堤，沿河有店铺、行栈、饮食店、茶馆、旅店。再往西有一条小路直通洞庭庙，那里是过往船只停泊靠岸的地方，人们称为避风港。每当夜幕降临，便见船灯点点，有如繁星映照河滩，别有一番风光。

在锦瑞河与汉江的汇合处，有一条远近闻名的小街，叫好吃街。街道长约一里，宽有丈余，路面铺以青石板。车马行人行走在街道上的脚步声，与货郎的叫卖声、顾客的谈笑声、跑堂的吃喝声、赌酒的划拳声、歌女的卖唱声、戏曲的唱腔声、耍猴的铜锣声、卖艺的鼓棒声、莲花落子声、评书的响堂木声、麻将牌的碰撞声、赌场的掷骰子声、叫花子的乞讨声等等，混杂在一起，吸引着多少远近的商旅流连忘返。好吃街有小吃店、粉面馆、烧腊馆、酒楼、茶社、勤行、栈房六十多家，加上澡堂、诊所、戏院、赌场、牌场、无牌青楼等，另外，还有剃头的、镶牙的、耍皮影的、说评书和善书的等，吃喝玩乐，样样俱全。

天门在战国时是楚国的竟陵邑，因大洪山余脉在此终止，即"陵之竟也"而得名。秦设竟陵县。后晋天福元年（936），为避晋高祖石敬瑭名讳，改竟陵县为景陵县。雍正四年（1726），为避康熙墓名（景陵）讳，又改为天门县——因境内西北有天门山而得名。

天门是"茶圣"陆羽的故乡。

陆羽原是个被遗弃的孤儿。三岁时，被竟陵龙盖寺住持僧智积禅师在西湖边拾得。智积禅师以《易》自筮，占得《渐》卦，曰："鸿渐于陆，其羽可用为仪。"于是按卦词给他定姓陆，取名羽，字鸿渐。

陆羽在黄卷青灯、钟声梵呗中学文识字，习诵佛经，并且还学会煮茶等事务。但他不愿皈依佛法，削发为僧。智积禅师很生气，恼他桀骜不驯，藐视尊长，用繁重的劳务磨炼他，想迫使他悔悟回头。陆羽并没有因此而气馁、屈服，求知的欲望反而更加强烈。智积禅师怕他受到外界浸染，把他禁闭寺中，派年长僧人管束着。然而陆羽却乘人不备，逃出了龙盖寺，到一个戏班子里去学演戏，做了优伶。陆羽虽其貌不扬，又有些口吃，但却幽默机智，演丑角还很成功。

天宝五年（746），竟陵太守李齐物，看到陆羽的表演，十分欣赏他的才华和抱负，当即赠他以诗书，并修书推荐陆羽到隐居于火门山的邹夫子那里学习。天宝十一年（752），礼部郎中崔国辅被贬为竟陵司马。这年，陆羽告别邹夫子下山，并与崔国辅相识。两人常一起出游，品茶鉴水，谈诗论文。天宝十五年（756），陆羽为考察茶事，出游巴山峡川。行前，崔国辅以白驴、乌犁牛及文槐书函相赠。一路之上，他逢山驻马采茶，遇泉下鞍品水，目不暇接，口不暇访，笔不暇录，锦囊满获。

肃宗乾元元年（758），陆羽来到升州（今江苏南京），寄居栖霞寺，钻研茶事。次年，旅居丹阳。上元元年（760），陆羽从栖霞山麓来到苕溪（今浙江吴兴），隐居山间，闭门著述

《茶经》。其间常身披纱巾短褐，脚着藤鞋，独行于山野之中，采茶觅泉，评茶品水。

唐大历八年（783），颜真卿出任湖州刺史。经皎然荐引，陆羽成为刺史的座上客。颜真卿发起重修《韵海镜源》，陆羽接受邀请，参与了编辑。他趁机搜集历代茶事，又补充《七之事》，从而完成《茶经》全部著作任务，前后历时十几年。

陆羽一生鄙视权贵，不重财富，酷爱自然，坚持正义。《全唐诗》载有陆羽的一首诗歌，正体现了他的品质：

不羡黄金罍，不羡白玉杯；
不羡朝入省，不羡暮入台；
千羡万羡西江水，曾向竟陵城下来。

天门县汉江岸边有个岳家口。南宋岳飞任竟陵防御使时，挥师襄阳，进军汉江一线，曾屯兵于这里。岳家口，后来简称为岳口。

岳家口市场繁盛，人烟辐辏，商贾云集。川、陕、皖、晋、湘、豫、赣、闽诸省和本省的商帮会馆密布城区，古庙道观、亭台楼阁耸峙。堤街上下，各种商号店铺、作坊鳞次栉比，是天门、潜江、沔阳地区最为繁华热闹的城镇。有歌曰岳家口"一步两座庙，三步两座桥，十八步不见天，步步踏金钱"，因此岳家口被誉为小汉口。

岳家口的春秋阁山陕会馆，建于乾隆六十年（1795），主体建筑为飞檐斗拱宫殿,设有戏楼、钟鼓楼、凉厅、中殿、正殿、偏殿、走廊、水池、花台等,为岳口会馆之首。

潜江张集港,古称塔湾,又名张港、张截港。相传大禹治水,为锁三噬河,曾在这里修筑芦伏宝塔,因而得名塔湾。南宋时,金兀术进兵襄南,岳家军名将张俊率兵在这里截击了金兵。后人为了表示纪念,将地名改为了张截港。

张集港在唐代已形成集镇,到明末清初已是"东连汉浦,西接郧襄,南通荆监,北达景河,舟楫停桡之区,车马歇息之地。学士大夫、农夫商贾罔不络绎"的水陆要衢。

张集港有山西、陕西商人建立的山陕会馆,是张集港镇的第一个会馆。

清雍正时,京山县在多宝湾设置了县丞。

多宝湾地域开阔,交通便利,汉江流经此处河道弯曲增多,有九拐十八弯之称。弯曲的河道有减缓水流的作用,历来是兵家必争之地。

传说在很多很多年以前,这里的先辈们,通过辛勤劳动积攒了不少财宝。但世道不太平,人们为了预防不测,在一个深夜里,将财宝用坛子装好封严,埋在了汉江滩里的一个拐弯处。大家歃血盟誓,不到万不得已绝不启用这些财宝。随着岁月流逝,长者相继故去,藏宝的地方已经没有人知晓了。人们只知道汉江河滩上的拐弯处埋有许多宝物。所以这一带就叫成

了多宝湾，后来简称多宝。

荆门州的沙洋，是汉江水运的重要港口。

唐时尉迟恭在汉津口的琼台山修建沙洋堡，从此有了沙洋这个名字。

康熙年间，安陆府同知衙门、荆门州州同衙门、新城镇巡检司，纷纷迁来沙洋；荆门全州粮仓也全部转移，设到这里。凉台山以南，何家明、金公提以东，关庙堤以北的大片沙滩上，居民逐年增加。上通琼台山下的正街，下连茶庵，形成一条近三里的繁华商业街区。上段称上河街，下段称下河街。咸丰五年(1855)，清廷在湖北等省的各重要水陆道口设立关卡，征收货物过境税。在水路道口关卡收来的过境税称为过境水厘及搬运落地捐，又称厘金。征收机构叫厘金局。沙洋厘金局在同年建立。设局建卡之后，凡汉江中游往来船只必须在此停泊，缴纳厘金后方可放行。在沙洋码头直接出口的货物，也不例外。本来就有很多船只特别是上游驶来的船只，到沙洋后，无论是装货卸货还是过境暂停添购给养、修整船只，都必须在沙洋停泊。厘金局设立之后，港口停船就更多了。上自闸口，下至关庙，汉江边上帆船密集，桅杆林立，有时候停船两三千条，长达七八里。

沙洋有山陕会馆，修建于明末清初。在正街及相邻的向阳门街之间，可容纳近千人居住。有民谣说："会馆门对着京山县，向阳门往内瞧，招牌挂得多热闹。"山西、陕西人是最早到沙洋经商并修建会馆的外省人。

钟祥取"祥瑞钟聚"之意，明朝的嘉靖皇帝出生在这里。

明正德十六年（1521）三月，武宗病死。由于武宗没有留下子嗣，又是单传，因此皇太后和内阁首辅杨廷和决定，由最近支的皇室——武宗的堂弟朱厚熜继承皇位，第二年改年号为嘉靖。嘉靖皇帝在位四十五年。

嘉靖皇帝御极之后，励志效法太祖、成祖推行新政，做一

位后世称颂的明主圣君。他的具体做法是：一是大赦天下，抑制宦官，整顿朝纲；二是减轻租银，整顿赋役，赈济灾荒；三是勘察皇庄和勋戚庄园，还地于民，鼓励耕织；四是体恤民情，集异纳谏，勤于政务；五是征剿倭寇，清除外患，整顿边防。这期间，文化科技空前繁荣，优秀的艺术作品和大量的杰出人物纷纷涌现，"天下翕然称治"。

旧口镇是钟祥的四大名镇之一，清时设有水利同知及千总。

旧口镇的山陕会馆占地四十多亩，修建历经了十年时间。会馆的东大门左侧有一座戏楼，每年的元宵、端午、中秋、三月三、九月九等节日，这里好戏连台，热闹非凡。

旧口镇以山陕会馆为中心构成了繁华的商业街区。每天从早到晚，行商坐贾南来北往，顾客挑夫络绎不绝。

石牌镇也是钟祥的四大名镇之一，素有小汉口之称。石牌旧属荆州，明嘉靖年间，石牌改隶钟祥县。清乾隆十一年（1746），钟祥县丞移驻石牌。

石牌濒临汉江，岸边有一石头牌坊，河下行船，常以此石头牌坊为标记，停靠装卸货物。人们将石头牌坊简称为石牌，地名也叫成了石牌。石牌坊边有茶肆店铺，专供过往船商食宿歇息。

丰乐河镇也是钟祥四大名镇之一。

传说，丰乐南的枫梓堰边栖息着一对美丽的凤凰。每天太阳初升，百鸟都要到这里朝凤，欢歌笑语，热闹非凡。枫梓堰里有一条黑鱼精因嫉妒，对凤凰怀恨在心。有一天黑鱼精跳出枫梓堰，要吃掉凤凰。凤凰大鸣一声，向北飞去，落在一条小河里。两个放牛娃看见了，齐声说：凤凰落在河里了！凤凰落在河里了！人们认为凤凰是吉祥的鸟，它降落的地方是吉祥的地方，于是纷纷搬到这里来住，繁衍生息，发展生产，把这条

小河称为凤落河。由于这一带土地肥沃，风调雨顺，农民年年五谷丰登，欢乐异常，后来人们又把凤落河改为了丰乐河，简称丰乐。

襄阳地处中原大地，是东西南北的交通要道。诸葛亮在《隆中对》中说："荆州北据汉沔，利尽南海，东连吴会，西通巴蜀，此用武之国也。"蔡邕的《汉津赋》中也说："襄阳，南援三州，北集京都，上控陇坻，下接江湖，导财运货，懋迁有无。"五代十国时，后梁太祖朱温在襄阳开办商行，用北方的马匹换取茶叶等商品。至明清，襄阳的商贸辐射到黄河、汉水上下，大江南北，商贾边墙，列肆殷盛，客至如林。

樊城在汉江的北岸，与襄阳城隔河相望，素有"南船北马，七省通衢"之称。相传因周宣王封仲山甫于樊而得名。

周公有个后代叫仲山甫。仲山甫文武双全，屡建奇功，周宣王封他为樊侯。仲山甫来到樊侯国，见这里山水秀丽、土地肥美，决定修座城池，作为樊侯国的都城。不料，修了好多次都被河水冲毁了。仲山甫听说有个白胡子老头在檀溪钓鱼，一坐就是好几天，像个神仙。于是带领大臣们去找老头，小心翼翼地表明自己的来意，请老人家指点一个修城的地点。白胡子老头用钓鱼竿在地上画了几笔，放了几块石头，随后便消失得无影无踪了。原来，这白胡子老头是姜子牙，他是来帮仲山甫修城的。按照姜子牙指点，仲山甫在龙口上修筑了都城。压龙口的石头,后来变成一座山,人们把这座山叫周公山。后来又修了一道大堤,叫老龙堤。为了纪念仲山甫对樊城的贡献,后人在龙口附近给他修了座祠堂,就叫樊侯祠。

樊城城的样子有些像船底,两头窄,中间宽。东西长约七里,南北宽约六里,周长十五里。南临汉水,高筑石堤;东、北、西三面筑城。自西向东有迎汉门、朝觐门、朝圣门、定中门、屏襄门、汇通门、迎旭门等七座城门。

清时,樊城沿江兴建有二十二个码头,从西到东分别是:大码头、龙口、公馆门、渡口、林家巷、左家巷、杨家巷、邵家巷、晏公庙、金家巷、莫家巷、官码头、占吉初、五显庙、回龙寺、基峨巷、湖南馆、马道口、梯子口、迎旭门、官厅、铁桩。

樊城镇的码头沿江一字排开,帆樯如林。而镇里的前后街

商行、货栈、银楼、店铺、手工作坊密布,有"九街十八巷"之称。

所谓"九街",即大同街、教门街、十字街、瓷器街、前街、后街、机坊街、铁匠街、丰乐街。各街名都由其街的特点而定。如教门街以回族居民聚集而得名。皮坊街、机坊街、铁匠街、炮铺街,则以各种行业作坊聚集得名。

所谓"十八巷",即林家巷、余家巷、邵家巷、左家巷、曾家巷、杨家巷、前马家巷、后马家巷(炮铺街)、苏家巷、乔家巷、古井巷、基娥巷、火巷、陈老巷、朱家巷、永丰巷、财神巷、莫家巷等。各巷取名,也各有特点。曾家巷、马家巷等以居民姓氏取名;永丰巷、财神巷等则以吉庆用语取名;古井巷是因一口井得名;而一人巷则因其狭窄只能走一人而得名。

樊城山陕会馆,建在皮坊街邵家巷。康熙五十二年

(1713),由山西、陕西两地商人集资创建。

山西、陕西在樊城旅居的人数虽不如武帮、黄帮的人数众多,但多是殷商巨贾,经营当铺、票号、钱庄等。

樊城山陕会馆按照帝王宫殿形式修建,金碧辉煌,气势雄伟。乾隆三十九年(1774)和嘉庆六年(1801)增建了三官庙、花园、荷花池、僧房等。殿堂楼阁有一百多间。

大殿中塑有关公坐像,坐像左边是关平,手捧金印;右边是周仓,手持青龙偃月大刀。大殿前有钟鼓亭各一个,前面一片空地,对面是戏楼。戏楼高两层,雕梁画栋,造型美观。空地两侧是对称的几十间厢房,楼上楼下均可看戏。大殿后面有一座两层楼的正殿,两侧是花亭,并建有内戏台、荷花鱼池等。

会馆大门两侧立有青石蹲狮一对,栩栩如生。八字形的琉璃影壁雕刻精美,鲜艳夺目。

# 南 船 北 马

襄阳和南阳所处的南襄盆地，自古就是水陆交通十分发达的区域。早在商周时期，就已经拓通了通往中原的夏路。秦汉时期，更是形成了"西通武关郧关，东南受汉江淮宛""椎淮引湍，三方是通"的水陆并臻的交通网络。唐代，南襄盆地是东西两大政治中心和南北两条漕粮运道的交通枢纽。至明清，南襄盆地已形成了以丹水、湍水、白河、唐河和方城路、三鸦路、商洛路、邓州路、桐柏路为主干的水陆路交通网络。

自襄阳沿水路北上达中原，可选择经唐白河、白河，水路达南阳石桥镇，转陆路经南召、鲁山进入中原地区，这便是著名的三鸦路；另外，沿唐白河、唐河而上，经唐县水路达赊旗店，转陆路经裕州、叶县也可进入中原地区，这条路便是方城路。

唐白河自古以来就是鄂豫水上交通的重要航道。唐白河有二源，都发源于河南南阳伏牛山的南麓。白河，向东经南召、南阳、新野,于瞿湾入襄阳境;唐河,经裕州、唐县,于鄢家埠口入襄阳境。两河于两河口交汇后始名唐白河,向南至张家湾注入汉水。

白河,古称淯水,是南阳重要的水路干道。沿白河而上,船只可抵达南阳城关北一百里的石桥镇。

石桥镇是白河岸边的繁华市镇,商贾云集,河运繁忙。《南阳县志》载:"县北诸镇,莫大于石桥。宋南阳六镇之一。……北道三鸦,通汝洛;南循洱淯,乘涨之郡,瞬息可至。毂辂水陆,号为繁富。……民习舟楫,帆樯出入……舟楫往来,更为频繁。"

自石桥镇起岸,取道三鸦路,经鲁山、汝州可抵洛阳。

伏牛山脉由西向东横亘在南阳盆地的北面,遮挡住了南阳北向临汝、洛阳的去路。伏牛山南坡流入淯水的鸦河河谷,与分水岭北面流入沙河的瀼河河谷,形成了一条南阳与鲁山之间的天然通道。因为路上有三险,而被称为三鸦路。原称三垭路,"垭"的意思就是两山之间的狭窄地方。

三鸦路是宛洛间最近捷的道路。秦汉时,就已成为军事、商贸交通要道。至清,南阳府通往洛阳的三鸦路,仍很繁盛。

唐河,古称泌水,至清始称为唐河。唐河发源于裕州伏牛山脉的七峰山,其源头的潘河、赵河在赊店交汇南流,称为唐河。明清时,河道弯曲,水量丰沛,航运十分便利。

伏牛山余脉东延至方城县东北,与桐柏山脉相结合之处,突然沉陷,形成了一条东西宽约三十余里、南北长达百余里的天然隧道。这条通道在春秋战国时就已开拓成途，因在方城境内，而被称为方城路。明清时，方城路不仅是南阳和中原的交通要道，也是京师与湖广及云、贵间往来的重要通道。商贾往来"皆自襄阳至南阳，趋道方城路抵郑州，渡河沿太行山东麓抵京"。

山西商人转运茶叶，选择的是沿唐河水路北上，抵赊店起岸，经方城路进入中原地区的运输线路。为什么要走方城路，而不是三鸦路呢？原因可能是多方面的。首先，在茶叶之路形成之前，赊店已经成为南阳地区最重要的商业交通枢纽，是山西商人在河南的大本营。山西商人在赊店拥有的强大势力，是白河上游的石桥镇无法比拟的。另外，三鸦路是南阳通往洛阳的重要通道，而茶叶转运的目的地并非洛阳。再有，出于安全方面的考虑，方城路是通关大路，官吏商贾都在走这条路，沿途设有关卡驻兵，劫匪歹徒自然很少。而三鸦路是穿行于山间的小路，路途安全较难保障。另外，沿途的补给和停歇，也是需要考虑的重要原因。方城路途经的均为较大的城镇，是设有驿站的主要交通线路；三鸦路在这方面也是无法与之相比的。

山西商人的茶叶在樊城再次换装小帆船，沿唐白河、唐河，于鄢家埠口进入河南唐县，经苍苔、郭家滩、唐县城关、源潭镇，于河北口西北入赵河，抵达水路之终点——南阳赊店镇。

苍台镇在唐县西南，因镇北有苍台寺得名。明清时是唐河重要的水运码头。清时，唐县县丞移驻在苍台。

郭家潭是个商贾云集的繁华市镇。相传，东汉为玉仙街的起货码头，称戈家潭。明初毁于水患。明末山西洪洞县郭姓移民在水潭边居住，取名郭家潭。嘉靖年间称郭家潭店，清乾隆年间称郭家潭。

唐县唐河岸边的源潭镇，原名青龙镇。明末李自成起义，战祸毁了千家店，周围群众缺乏交易集市。唐河西岸的青泥湾庄子，虽陆路交通不畅，但两面临河，有利于船只往返停泊，装卸货物方便，于是逐渐形成了集市。当地人称青龙镇。

青龙镇两面临河，又建在河湾淤沙洲上，常遭洪水危害。虽是经商的好地方，但难以聚财致富。雍正年间，开始在河东规划征用牛庄、李庄、王庄、全庄四村中间之土地，以桃花店为中心，规划街道，建造铺店门面。主街为东西走向。大街以衙门口以西为当铺街，以东为关帝庙街，随后逐渐又扩展了十余条小街，如祖师庙、皂角树、南河、东山货、西山货，花仙阁、火神庙、北古口、柴禾市、石碑楼、花园等。新镇扩建后，商贾争相迁此经营，并取名源潭镇，有牵青龙入潭的意思，谋求财源广进，幸福吉祥。源潭镇紧靠唐河，又有深潭相连，东岸陡坡有利于船只安全停泊，是一个良好的水陆码头。源潭的港口常驻和往返的船只多达千只以上，桅杆林立，帆篷遮天，一派江南风光。

源潭的山陕会馆，始建于雍正九年（1731），乾隆七年（1742）重修，四十六年（1781）竖铁旗杆。大殿为重檐歇山顶建筑，上层檐屋顶用琉璃脊，正脊两侧浮雕飞龙数条。大殿两侧有配殿。一对铁旗杆,立于大殿两侧,生铁铸成,六棱柱形,各高五丈余,分别插于雄雌二铁狮之背。

潘河源出自七峰山东当阳寺南。"潘,水溢也,潘通蟠或盘。回旋的水流也。"因河道曲折回旋,盘绕宛转而下,故名潘河。南经黑龙庙,至赊店与西来赵河合而为唐河。

赵河发源于骊山,南流经小堵乡为小堵水,经于堵乡称为堵水,经赵河镇东为赵河。赵河经赊旗镇西,与潘河合入唐河。

赵河下至赊店西,宛转东流。在赊店南分为南北两条支流,北支流向镇内弯流二余里,形成了天然港湾。北支流也叫"后河",早先赊店的码头就设在这里。

赊店，最早叫兴隆店。相传大禹的女儿在这里酿酒，于是形成了繁华的集市。西汉末年，群雄大战。西汉皇族刘秀怀着光复汉室的决心，率兵在宛城起事。后因寡不敌众，带领一队人马落荒而逃。逃至小镇，见一酒馆，众将狂饮，精神倍增，共议再举大事。大计商定，唯缺帅旗。刘秀走出酒店，抬头看见一面酒幌在风中飘荡，正中一个"刘"字，于是便扯酒幌做了帅旗。刘秀称帝后，念"刘"记小店赊旗有功，便封此店为"赊旗店"，酒封为"赊店老酒"，小镇称为"赊店镇"。

赊店在唐代时被称为许封镇。当时的许封镇已发展成为船来车往、商贾云集、生意兴隆、人烟稠密的繁华集镇。南宋末年，元兵南下，战争频繁，曾经繁盛的许封镇，化为一片焦

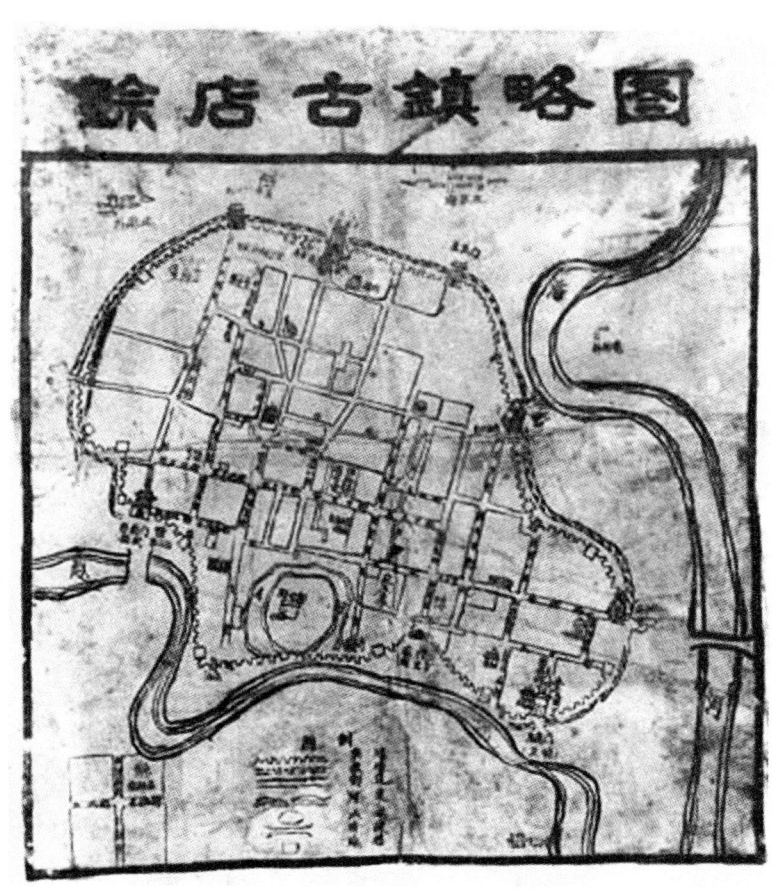

土。元代在许封镇原址设立了三旗屯,但人烟十分稀少。明时,山西、山东和湖北等地的移民先后来到这里,人口日渐增多,商业也逐渐发展起来。因镇上有十家较有名的商铺,人们就把这里叫做十家店。十家店在赵河南岸,由于水陆交通便利,商客愈来愈多,十家店已名不副实,于是渐渐地恢复了兴隆店的名字。

明清时，赊店已经是四通八达的水陆过载码头，为两湖、江西、福建、安徽、河南、河北、山西、陕西九省通衢，有"拉不完的赊旗店，填不满的北舞渡"之说。光绪《南阳县志》载："淯水以东，唐泌之间，赊旗店亦豫南巨镇也。在县东北九十里。镇莫知所由起。或曰：元分旗屯田，军主氏佘而谓也。地濒赭水，北走汴洛，南船北马，总集百货，尤多秦晋盐茶大贾。居民率游手足食，不事蓄聚，乍富乍贫，习俗奢靡。厮养走卒，议观甚都。客妓利屣，笙歌盈衢。故士衣履或蔽，则众笑之。乾隆、嘉庆中置巡检司、营汛。咸丰军兴榷关，其市岁税常巨万。"

康熙年间兴隆店已形成了占地四里多的水旱码头。康熙四十七年（1708）改兴隆店为兴隆集。雍正年间，兴隆集逐渐向赵河北岸扩大发展，成为一座横跨赵河南北两岸的大集镇。到乾隆年间，已发展成为长五里、阔四里的繁华巨镇。全镇街道密布，商号林立，聚居与流动人口达十三万之多。四方陆路人车如流，赵河两岸船似游龙。几十家骡马店朝夕客商不断，五百多家商号总集百货，七十二条道街分行划市经营。最盛时，河道一次停船多达五百余只。当时商界公议，要给这个繁华商镇取个适宜的镇名。乾隆四十七年（1772），山陕会馆的春秋楼落成时，秦晋大贾邀请商界同仁瞻仰关羽圣像，联想到汉光武帝刘秀在此赊旗的故事，遂以"赊旗"为镇名。

随着商业的兴盛发展，全国南九北七，十六个省的商人云集赊店经商，争相购地，建房设店，流寓定居。为了同乡联谊、合心经营，客商集资兴建的会馆盛极一时。赊店镇内的同乡会馆有山陕会馆、湖北会馆、江西会馆、福建会馆、广东会馆、直隶会馆、湖南会馆、安徽会馆等十余座，其中尤以山陕商贾集资兴建的"山陕会馆"修建时间最早，最为雄伟壮观。

咸丰七年（1857）八月中秋节，捻军烧毁了山陕会馆的春秋楼，镇内的士绅权贵们，决定成立寨局主管筑寨，定寨名为"赊旗镇安全寨"。

寨垣经过修改河道续建竣工后，周长约十八里，高三丈五。寨墙用特别烧制的大砖砌成。砖面一侧铭刻"赊旗镇安全寨"，每块重十八斤。

寨垣建有东、西、南、北、东南、西北、西南、东北和东北之角门九道寨门。东门迎旭，西门挹爽，南门炳文，北门庆裕，东南门文明，西北门乾维，东北门承恩，西南门杨武，东北角门为迎朝。为便于防守，平时只开东门、南门、西南门、西门和北门，其他门全都用砖、石、土堵塞，禁止通行。

咸丰八年（1858），河南巡抚奉旨在赊店镇设立署理南阳、桐柏、唐河、裕州、泌阳五县的厘金总局，知署厘金局的官员为三品道台。

光绪末年，平汉铁路通车，交通要道东移，水运渐次萧条，赊店镇失去贸易中心的地位。

民国中后期，军阀混战，土匪横行，日军轰炸，造成赊店古镇商业的凋零。英国学者贝思飞在《民国时期的土匪》一书中写道:"豫西南的赊旗镇曾是通过唐河和白河运往汉口的货物集散地。从蒙古和西北来的商队也在那里逗留,将带来的货物装上船,那些从南方来的满载货物的船只,在返回之前也要卸货。总之,赊旗镇一直是全国最富有的商业贸易中心之一,直到铁路的兴建给它带来冲击,它被剥夺了所有的商业活动,除了麻油、白酒和其他一些产品外,到了20世纪20年代,它已经沦为满是尘土的小市镇了。"

1965年11月国务院批准建立社旗县。周恩来总理亲自命名"社旗",取"社会主义旗帜"之意。

赊店的码头沿赵河后河的东、北、西三岸修建,用青石板铺设下货台及上岸的台阶。沿岸码头长达两里。沿岸的启文街、老街、关帝庙街、石门街均设有卸货台和过载行。咸丰八年,因修寨墙码头被毁,新码头建在了潘赵河交汇的唐河河口。

老街是赊店形成最早的一条街道,在后河北岸,东西走向。晋商,尤其是茶商的货栈,大部分都设在这里。

老街的西口向北拐是南北瓷器街。瓷器街的最北端便是高大宏伟的山陕会馆。

赊旗山陕会馆,位于赊店闹市中心,坐北朝南,南对最繁华的瓷器街,北靠五魁场街,东邻永庆街,伴绿布场街。始建于清乾隆二十一年(1756),经嘉庆、道光、咸丰、同治至光

绪十八年（1893）落成，历经一百三十六年。

山陕会馆主建筑自南而北有琉璃照壁、悬镒楼、石牌坊、大拜殿和春秋楼，左右陪衬建筑相互对称，有木旗杆、铁旗杆、东西辕门、东西马厩、钟鼓二楼、东西廊房和大拜殿两侧的药王、马王两座陪殿及道坊院等。建筑呈前、中、后三进院落，布局严谨合理，殿堂楼阁疏密有间，北高南低，鳞次栉比，气势雄浑，相映生辉。各类建筑一百五十二间。室内外全用青白色大理石铺砌，建筑物采用石雕、木刻、火铸或陶瓷塑精美图案作装饰。据碑文记载，"运巨材于楚北，访名匠于天下"，耗白银数百万两。

琉璃照壁位于会馆整体最南端，南迎瓷器街，北与会馆山门相对。照壁仿照故宫九龙壁修建，单檐硬山顶，用一千多块彩釉大方砖砌成。

照壁两侧有相互对称的东辕门、西辕门，东马厩、西马厩，环抱成会馆的前院。院中立有白玉雕狮一对，狮前立铁旗杆。铁旗杆铸于嘉庆二十二年（1818），高四丈五尺，重五万余斤，青石须弥座，束腰部雕天马、麒麟、狮子、异兽图，须弥座上立铁狮，旗杆穿狮而过。旗杆上有大、中、小三个云斗，每个云斗上有四个风铎，云斗间行龙缠绕，顶部各站一只展翅欲飞的凤鸟。辕门东西相对，门额分别刻着东、西辕门，"和升自阶"、阅其履。

悬鉴楼，又名八卦楼，是会馆的戏楼，建于嘉庆元年（1896），竣工于道光元年（1821），历时二十五年。楼分上、中、下三层，一体两面结构。南面为山门，北面为戏台。楼内竖二十根合抱大柱，下有三层柱础，上层多为鼓形，下层为正方形鼓座。楼北面为戏台，上挂"悬鉴楼"匾额。"悬鉴"两

字为傅山所写。

钟楼和鼓楼，相对称坐落于悬镒楼两侧，钟楼内悬大钟一口，钟高五尺，重两千余斤；鼓楼在西侧，内悬挂更鼓一面。

穿过戏楼进入万人庭院，即会馆的中心大院。院内全部用一尺见方的青石铺地，中铺甬道，甬路两边系条石，有柱洞可以搭棚，甬路左右庭院及两厢分别为男女观众场地，院内可容万人看戏，故又称万人庭院。

万人庭院北即会馆最主要的建筑——大拜殿。

大拜殿前有丈高的月台。月台之上立有三座石牌坊。

中坊下入口处为神道，俗称九龙口。九龙口以整块青石镂雕而成。左、右牌坊是大拜殿的出入门道，各砌十三级青石台阶。

大拜殿由大殿和拜殿两部分组成，兴建于同治八年（1869），竣工于光绪二十年（1895）。

大殿是关公神位所在之地，又称关帝大座殿。拜殿是聚会与祭拜关公的地方。大殿台基高于拜殿，殿前设铜池，寓含财源广进的意思。

咸丰七年（1857）以前，山陕会馆还建有春秋楼。

春秋楼始建于乾隆二十一年（1756）。春秋楼面阔七间，进深六间，高十丈，由四十八根擎天大柱撑起，占地一亩有余。楼中塑有关羽夜读《春秋》的泥像，楼因此而得名。楼前有拜殿，两侧有刀楼和印楼，还有东西厢房。

在春秋楼建成后的六十多年里，这里一直是山陕商人祭拜关公、重大集会的地方。

春秋楼宏伟高大，民间有"赊店有座春秋楼，半截还在天里头"之谚语。然而，巍峨壮观的春秋楼却被捻军一把火烧成了灰烬。

咸丰年间，朝政腐败，贪官横行，加上饥荒灾祸，民不聊生。南方太平天国首先起义，北方安徽、河南一带捻军也举起了大旗。赊旗周边的饥民们也纷纷抢粮造反。

咸丰七年（1857），八月十五中秋节的晚上，赊旗镇内的名商大绅都聚集在春秋楼前饮酒赏月。突然四门起火，捻军攻进了寨垣。

富商大绅们纷纷携带财宝，躲到了全城最高的春秋楼上，并把楼梯拉了上去，关闭了楼门。王当带军把春秋楼团团包围了起来，并向楼上攻了几次，但因楼高大险峻，几次都未能得手。这时，有人出主意说：烧了春秋楼，才能报怨仇。王当命人捡来柴草，堆在楼下烧了起来。可是楼太坚固了，柱子又大，材质又好，烧不起来。又有人说，要烧春秋楼，被子沾桐油。王当随即命人找来棉被，在桐油中浸透以后，用铁丝裹在柱子上，点着了火。立时，根根主柱似条条火龙烧了起来。大火在富商们的哀号声中越烧超旺，只烧得绿瓦乱飞，堂檐跌落，那火光腾腾烈烈，直冲霄汉，远在九十里外的南阳府都看得见。

大火从八月十五日晚上一直烧到八月二十二日，整整烧了七天七夜。富丽堂皇的春秋楼，终于变成了一片瓦砾。

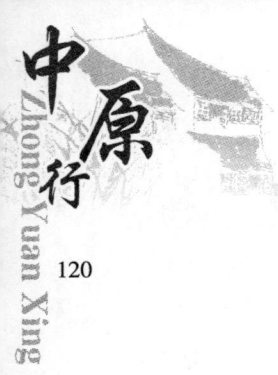

# 北上中原

　　山西商人贩运的茶叶，从赊店开始了骡马驮运的陆路行程。赊店北经裕州、叶县、宝丰、汝州、登封、偃师，达黄河南岸的孟津渡口，渡河经孟县，抵达太行山下的河内县，然后翻越太行山，回到山西。

裕州地处南北通关大道，方城路沿途有许多著名的驿站铺递。

裕州城东北有一个著名的驿馆叫扳倒井。建武三年（27），邓奉、董欣在赭阳造反，光武帝御驾亲征。走到裕州城东北的一个地方，看到路边有一口水井，井水满溢外流，光武帝高兴地说：井水如此清澈而涌，井如扳倒矣。后来人们就把这口井取名扳倒井。井上建有砖石结构的亭子，井沿、井台、亭柱、亭栏全用蒲山玉石雕琢而成。井北建光武庙，院东为驿站的接官厅，南来北往道出裕州的大小官员都在这里停顿歇憩。

独树镇，又叫独树寨。楚文王为了与中原诸侯争锋，在方城山一带以山筑塞，修筑长城，独树寨就是那个时候修筑的。汉代，独树称为龙泉店。明代设置驿道，在这里设立了龙泉店铺，后改称龙泉镇。嘉靖三十二年（1553），洪水冲毁了全镇，仅龙泉寺前一老槐树得以幸存，因此便改名叫独树镇。

叶县在春秋时是许国的国都，称"叶邑"。楚以叶邑封沈诸梁，赐叶姓，史称"叶公"。

叶公因成语"叶公好龙"闻名于世。传说叶公非常喜欢龙，走进叶公的家到处都可以看到龙的图案。一天，叶公喜欢龙的事被天上的真龙知道了，真龙说：难得有人这么喜欢龙，我得去他家里拜访拜访。真龙来到叶公的家，叶公看到了真正的龙，吓得大叫起来。真龙觉得很奇怪，说：我是你最喜欢的龙呀。叶公害怕得直发抖，说：我喜欢的是像龙的假龙，不是真的龙呀。话没说完就连忙逃走了。真龙懊恼地说：叶公说喜欢龙这件事是假的，他根本是怕龙嘛。于是有了"叶公好龙"的成语，用来形容一个人对外假装自己很爱好某样事物，其实私底下根本就不喜欢!

叶公，姓沈，名诸梁，字子高。是春秋时期著名的政治家、军事家、思想家。叶公在叶期间，励精图治，兴水利，劝农桑，率民众修筑的东、西二陂，可灌溉农田数十万亩。

周敬王四十一年（前479年），已近耄耋之年的叶公平定边夷、整肃朝政后，让位于他人，自己则还归叶邑。叶公临终时留下遗言：勿以小谋败大作，勿以嬖御人疾庄后，勿以嬖御士疾庄士、大夫、卿士。叶公以一生的行动，表达了对百姓的爱及对国家的忠，赢得了世人的敬慕。

自叶县，可东北行，经襄城、许州，开封府新郑、郑州、荥泽，渡黄河，又经怀庆府武陟、河内，过太行山回到山西。襄城方向的路为北南交通主干，厘金税卡自然较多。当然，有商队是走这条线路进行物资转运的，然而大部分山西茶商还是选择了西北去往宝丰、汝州方向的另外一条路。宝丰去汝州也有两条路。西去大营，经汝州半扎、温泉、临汝、汝阳、伊川，可达洛阳。洛阳虽为繁华大都会，但不是茶叶转运的目的地，又因此路是宛洛间的大官道，关卡自然也不少。所以，宝丰向北，经汝州城去登封的道路成为了最后的选择。此路仅登封偃师间的轩辕关较为险峻，其余均是一路坦途，且少有关卡。

叶县保安镇在县西南，自裕州入县境即为保安，是叶县县丞的驻地，有保安驿。因此该地自古兵家必争，安宁甚少，人们渴望安居乐业，起名"保安"，希望能保一方平安。

旧县镇是汉朝叶县的县城。据《叶县志》载："古邑为千碑之城，百泉之汇，素有昆澧二水抱佳城、伏牛二龙镇昆阳之说。"

澧水发源于鲁山县西吴大岭，经宝丰、叶县、舞阳合于北沙河，向东流入淮河。

宝丰澧阳镇位于澧水北岸，是古应国的都城。明清时，澧阳是宛洛间的交通要道，镇内行商坐贾颇多，店铺作坊林立，商贾云集，车水马龙，极为繁华。

商酒务，也称双酒务。北宋时，汝州有十酒务，仅宝丰就有双酒务、封家庄、父城、曹村、守稠桑、宋村等七酒务。

酒务是宋朝官方专门经营酒的地方。当时宝丰"万家立灶，千村飘香"，"烟囱如林，酒旗似裘"。宝丰繁荣的酒业惊动了朝廷。宋神宗派程颢监宝丰酒务，并广传宝丰酒法受益于天下，治所便在双酒务。

汝州城是商贾云集的地方，有"收南阳，旱洛阳，汝州城里好风光"之说。康熙三十年（1691），陕西、山西客商，在南关东大街路北修建山陕会馆，每年农历四月初八为山陕庙会日。

洗耳河发源于箕山，曲折向南，在汝州城南注入北汝河。

洗耳河因许由曾在河中洗耳而得名。

许由品德高尚，才智过人，很受部族崇敬。唐尧觉得自己年事已高，四处寻访贤人，发现了许由，决定把天下让给他。许由认为自己德才不如虞舜，同时担心唐尧的几个儿子不服，引起内乱，让百姓受苦，于是便连夜奔往箕山隐居。后来，唐尧听说许由隐居在箕山，派人来请他做九州的长官。来人传达了唐尧的旨意，苦口婆心劝他上任。许由认为自己可以做个良民，而不一定能胜任高官，坚决不去。他到山下的河里洗了耳朵，表示不愿听对方劝说。这条河就是洗耳河。后人为纪念许由，在汝州西关南建有许由庙。

嵩山，尧舜时代称"外方"；夏禹时称"嵩高"、"崇山"；西周时称岳山，周平王东迁洛阳后，定"嵩岳山"为中岳，以后各代均称嵩山为中岳，与泰山、华山、恒山、衡山共称五岳。《白虎

通》载："中央之岳,加嵩高字者何？中岳居四方之中而高,故曰嵩高也。……尊位中天,雄冠四岳,体势之峭,峻极于层霄。"

太室山是嵩山的东峰,据传是禹王的第一个妻子涂山氏生夏启的地方,所以称为"太室"。

太室山共有三十六峰。主峰"峻极峰",以《诗经·嵩高》"峻极于天"为名。另有黄盖、青童、浮丘、三鹤、遇圣、万岁、玉镜、狮子、虎头、起云、凤凰、金壶、华盖、玄龟、卧龙、会迁、子晋、老人、玉人、玉女、独秀、积翠、太白、玉柱等峰。

少室山在太室山东面约二十里。据说是夏禹王的第二个妻子——涂山氏的妹妹居住的地方,所以山名称为"少室"。少室山有三十六峰。主峰御寨山,是嵩山的最高峰,山北五乳峰下便是少林寺。少室山顶宽平如寨,分有上下两层,有四天门之险。三十六峰为朝岳、望洛、太阳、少阳、石城、石笋、檀香、丹砂、钵盂、香炉、连天、紫霄、罗汉、七佛、灵隐、来仙、清凉、宝胜、瑞应、琼璧、紫盖、翠华、紫薇、药堂、白道、天德、卓剑、白云、金牛、明月、凝碧、迎霞、玉华、宝柱、系马、白鹿。

唐垂拱四年（688）,武则天登嵩山,改嵩山为神岳,封其为天中王,配有天灵妃。天册万岁元年（695）,又在峻极峰筑登封坛。第二年,加封嵩山为中岳,封天中王为天中皇帝,天灵妃为天中皇后。为了纪念封中岳的大功告成,武则天改嵩阳县为"登封县",改阳城县为"告成县",当年年号改为"万岁登封元年"。

嵩山是佛教较早传播的地方。嵩山著名的寺院有十三座,分别是:少林寺、法王寺、嵩岳寺、龙潭寺、庐岩寺、庐岩下寺、清凉寺、龙华寺、宝林寺、竹林寺、会善寺、永泰寺、戒土寺,还有初祖庵、二祖庵。其中少林寺最为著名。

少林寺位于少室山北麓五乳峰下,是北魏孝文帝于太和十九年(495)为西域僧人跋陀所建。因处于少室山丛林中,故名少林。隋文帝曾改名为陟岵寺,唐太宗时又复称少林寺。孝昌三年(525),印度僧人菩提达摩在少林寺首传佛教大乘宗,倡导"面壁坐禅",后被追尊为禅宗初祖,故少林寺也被推为禅宗祖庭。

少林寺是少林拳的发源地。相传达摩坐禅时为了防止身心疲惫,首创了心意拳,后被发展成为少林拳。隋末秦王李世民率兵攻打洛阳,被王仁则追赶,逃到少林寺,寺僧挫败王仁则,秦王得救。后来演义成了十三棍僧救唐王的故事。唐立国后,李世民曾玺书优慰,赐地四十顷、水碾一具,并立碑纪念,特许建立僧兵。从此少林拳历代相传,威名大振。

轘(huán)辕关,又名娥岭关、谔岭口,在太室、少室两山相连的北端。两崖怪石嵯峨,山势雄伟险要,石塞嶙峋似剑,道路曲折盘旋,是洛阳东南最为险要的关隘之一,历来是兵家必争之地。轘辕关因山路曲折旋绕,俗名十八盘。

相传大禹治水时曾经在谔岭口开山泄洪。大禹开山前和妻子涂山氏约定，听到击鼓声即前来送饭。到轘辕关后，大禹化作了一只大熊，这只大熊能在水陆两地

行走且力大无穷，干活的速度也加快了不少。忙碌中他一不小心把石头踢落山崖，恰好击在鼓上。涂山氏闻声赶紧来送饭。到了谔岭口后，她没看见大禹，却看到了一只大熊，惊骇不已，掉头便跑。大禹在后面紧紧追赶，涂山氏因惊恐过度竟化成了石头。大禹对已经怀孕的涂山氏高喊：还我孩子！话音刚落，石头裂开了一个大口子，蹦出一个男孩，这就是后来夏朝第二代君王夏启。后人将这块巨石称作启母石。

康熙年间，山西泽州商人段润色就曾出资维修过轘辕关的道路。一通康熙五十四年（1715）的《平治鄂（谔）岭口路》

碑文中记载:"……维兹鄂(谔)岭,中有其缺,古颍州之关塞,实往来之通,山径崎岖,仅容行人之鳞次……经千百余年,曾无人焉起而修理之者,天意盖留以段子焉。段子名润色,山西泽州人也。贾于洛,客岁贸迁,路经其地,辄发善念,慨任厥修。复有异梦惊觉。今年春,谋诸参店主人。主人纠合众善,率皆欢欣乐从,各任一职,公同一心,并立善。……遂出囊兴工于小鄂(谔)岭口,石工云集,力役辐,效用者不下三百余人,因其地势,随其高下,扩狭口,平险阻……甫及五月,而一蹴告竣……山径之蹊涧,今成履道之坦祖,阔则十有余尺,长则五百余丈。外募仅百金有奇,余尽捐之己囊。"

孟津,原名盟津,因周武王伐纣在此与诸侯歃血为盟而命名。《孟津县志》称:"当天下之要冲,西连关陕,东通曹卫,南北抵京都而达襄楚,可谓势胜之地也。"

商纣王荒淫无道,激起天下公怒。武王伐纣,会盟诸侯。伯夷和叔齐站出来反对。当武王的坐骑行至会盟台附近时,两个人一起跪在武王的马前,挽住了武王的马缰绳,劝说武王不要伐纣。最终,武王伐纣并取得了胜利,建立了周王朝。伯夷、叔齐两人上了首阳山,采摘野果为食,"不食周粟",最终饿死在首阳山上。于是会盟台所在的村落便叫做了"扣马",并一直沿用着。

清代,孟津最大的渡口是白鹤镇的白鹤渡口。因对岸是孟县的白坡渡口,俗称北白坡渡口,白鹤镇这边也有南白坡渡口

的称呼。康熙《孟津县志》载:"白坡渡……即平阴津地。非驿道,济以民船。"

白鹤镇相传是周灵王驾鹤升仙的地方。

周灵王的长子姬晋天性聪明,喜欢吹笙,能吹奏出如同凤凰欢鸣一般的乐曲,令人陶醉。灵王对他十分钟爱,立为太子。不料,姬晋十七岁的时候,突然得病身亡。灵王哀痛欲绝。当时有人见灵王如此悲伤,就编了一个故事劝慰他,说太子现在沟岭上,骑着白鹤,吹着笙。他要农夫转告灵王,不必挂念自己,他随仙人浮丘公住在嵩山,十分快乐。灵王听了反而更加怀念太子,日夜不宁,神情恍惚。一天深夜,灵王迷迷糊糊入睡,梦见太子骑着白鹤来接他。灵王惊醒后说,我儿来迎我,我应当走了。于是命令传位于次子姬贵。第二天周灵王就死了。

孟县白坡镇的白坡渡，又称汉王渡、汉祖渡，又为古邓津，是漕运的重要枢纽，为田赋物资转输中顿之处。

明清时河内是怀庆府城，北连上党，南通洛阳，有京洛孔道之称。城里街道纵横交错，有七十八条街巷，两侧店铺林立，商业极盛。

民国二年（1913），改河内县为沁阳县。1989年，沁阳县改为沁阳市。

河内城北行来到太行山下的万善镇，从万善镇开始进入太行陉的羊肠坂，过碗子城进入山西境内。

# 穿行泽潞

太行山，又名五行山、盘古山、王母山、女娲山。《括地志》载："太行连亘河北诸州，凡数千里，始于怀而终于幽，为天下之脊。"《河朔记》载："自晋阳趣河内，入洛阳，必经太行。太行在怀、泽间，实据南北之喉嗌。"

太行山，延袤千里，百岭互连，千峰耸立，万壑沟深。山西的许多条河流切穿太行山，自南而北有沁河、丹河、漳河、滹沱河、唐河、桑干河等，于是形成了几条穿越太行山的大峡谷。太行八陉即晋冀豫三省穿越太行相互往来的咽喉孔道。

太行八陉自北向南依次为：第一陉轵关陉，第二陉太行陉，第三陉白陉，第四陉滏口陉，第五陉井陉，第六陉飞狐陉，第七陉蒲阴陉，第八陉军都陉。

太行陉在河内城西北，陉阔三步，长四十里，是晋东南上党盆地南出的主要通道。沿陉北上太行山上，有太行关，又称天井关，宋靖康时改名雄定关。太行关形势雄峻，素称天险。

《怀庆府志》载："太行陉，在府城西北三十里，一名丹陉。……太行首始河内，北至幽州，中有八陉，此其一也。土人名小口，为入晋径道。"

太行陉的羊肠坂，原名羊肠坡，为京洛咽喉，称为孔道。

建安十一年（206），曹操在平定邺城灭袁绍后，上太行征讨扼守碗子城叛将高干的途中，行至羊肠坡适逢大雪，曾作《苦寒行》诗。羊肠坡因曹操诗中"羊肠坂诘屈"而改名为羊肠坂。

羊肠坂蜿蜒于崇山峻岭之间，沟大壑深，险象环生，所经之处，瀑布悬流，峭壁鸿沟，峻险异常。

在羊肠坂中山西和河南交界的地方，有一个用石头垒成的城堡，叫碗子城。碗子城西门，有明嘉靖二年（1523）立的豫晋界碑，过城即入山西泽州府凤台县境。

碗子城最早修筑于唐初。城为方形，北面依山，其他三面均用石块砌筑。《凤台县志》载："县南九十里，太行绝顶，群山回匝，道路险仄，中建小城若铁瓮，唐初筑此，以控怀泽之冲，其城甚小，故名。"

碗子城东西两面

开有城门，城门上有题刻，东为北达京师，西为南通伊洛。北宋孟良曾在这里筑寨，所以碗子城又称为孟良寨。

拦车镇因"孔子回车"的故事而得名。

相传春秋时孔子周游列国，从鲁国来晋。当路过星轺驿时，遇一小孩以石筑城为戏，不肯让路。其中一个叫项橐的顽童，以"只有车绕城，而无城让车"之说质难孔子。孔子见项橐虽小，却有过人之处，于是躬拜为师，令弟子绕"城"而过。当行至天井关时，又遇松鼠口衔核桃跑至面前行礼鸣叫。孔子见晋国顽童如此聪明，连动物亦懂大礼，便羞愧回车南归。

拦车镇也称星轺镇，设有星轺驿。

星轺驿是河南进入山西的第一个驿站，有"晋南屏翰"之称。往来晋豫的朝廷官员和使臣多下榻于此。

天井关又名太行关，因关前有三眼深不可测的天井泉而得名。天井关周围峰峦叠嶂，沟壑纵横，古隘丛峙，地势险峻。刘歆《遂初赋》称："驰太行之险峻，入天井之高关。"

天井关为孔子回车之地。明万历年间泽州太守——山东临朐人冯瑷重立有石碑，上书"孔子回车之辙"。孔子的后人——孔子第十九代孙孔昱，为了纪念孔子，在天井关修了一座文庙。

天井关文庙始建于东汉建宁二年（169），是当时天下仅有的两座半文庙之一，仅晚于曲阜孔庙一年。康熙年间更天井关文庙之名为回辙书院。

山西商人贩运的茶叶，从河南怀庆府河内县翻越太行山，进到山西境内。在凤台县略做调整，继续北行，途经高平、长子、屯留、襄垣、沁州、武乡，回到晋商的故里——位于晋中的祁县、太谷、榆次、徐沟等地。

凤台县，因有凤凰集中在此地而得名。《凤台县志》载："晋武帝泰始元年（265）冬十二月，凤凰见于上党高都。"

相传凤台县北有一王姓人家。王家有个儿子善骑射，被众人推举为王，其练武的地方被称为王台。一日，王子见一只色彩艳丽的大鸟从空中飞过，便紧紧追随。追至一条河边，见一株梧桐树上放射出五彩光环，一只大鸟款款而立。王子照着大鸟的翅膀搭弓放箭，被射中的大鸟变成了一位姑娘。王子将姑娘扶回家里疗伤治疾，后来还与她结成了夫妇。他们男耕女织，相敬如宾。忽一日，电闪雷鸣，天兵骤至。原来这姑娘是瑶池的金凤凰下界。见天兵到来，姑娘又变作凤凰带着王子向西飞去，落在二人初次相遇的小河边。雷电即将劈向王子的时候，金凤凰抖动翅膀，盖住了王子。金凤凰的身子变得越来越大，铺天盖地，覆盖了小河两岸，化作了山脉河流。从此，泽

州就有了凤凰山,有了丹河、沁河。

凤台县的巴公镇是南下沁阳、焦作,北上潞州、太原,东去辉县、新乡,西到侯马、平阳的交通要道。春秋时叫巴子城,因晋襄公西伐巴蜀,迁巴子于此而得名巴公。巴公镇南北三里长,商贾云集,店铺林立。每逢集日,附近村民和远方的商贾都云集巴公,满街都是摩肩接踵的人流,熙熙攘攘,十分繁华,有"太行第一镇"之称。

五代时,后周与北汉在巴公镇进行了著名的"巴公原之战",为以后北宋统一中国奠定了基础。

五代后周显德元年(954)正月,周太祖郭威去世,他的养子柴荣继位称帝,史称周世宗。北汉主刘崇闻讯,认为周有丧事,天子新立,无力征战,正是兴兵灭周的好时机。他遣使与契丹通好，乞求契丹派兵合力攻打后周。二月，契丹大将杨衮、北汉张元徽，领兵联合进逼潞州。周世宗亲率周军迎击契丹、北汉联军，在巴公原与北汉、契丹联军相遇，后周旗开得胜。但后周后续部队未到，北汉主刘崇见周兵不多，命张元徽进攻后周右军，致使后周千余兵卒降汉。后周世宗亲临前线督战，周兵士气大振。周世宗领兵冲进刘崇营帐，张元徽被后周兵将斩杀。北汉兵卒见主将阵亡，阵脚大乱。刘崇无奈，只得鸣金收兵，大败而归。

清时，高平境内有大道五条：以县城为中心，东有通往陵川的大道；西北有通往沁水的大道；东北有通往长治县的大道；北有经寺庄、赵庄通往长子的大道，为驿道；南有经河西、界牌岭通往晋城的大道，为驿道。

高平北去晋中，可东北经高平米山、陈土，潞安府长治县、襄垣、沁州而行。也可行官道，经高平寺庄、赵庄，潞安府长子、屯留、襄垣、沁州至晋中。

明清时，潞安府城是上党地区的繁华重镇，但是茶叶贩运却并没有取道潞安。这其中的原因大致与晋商运茶不取道洛阳的情形差不多，因为潞安并不是茶叶运销的目的地。而且，若走潞安府，略有些绕道。所以选择通往长子、屯留的官道更为直接、合理。

清时，长子县境内的驿道北通太原，南达洛阳，人称晋豫大道。据《长子县志》载："漳泽驿南至高平县长平驿六十里；北至屯留县余吾驿六十里。明嘉靖四年御史吴琦云：尧封长子丹朱于此，俗呼长子。唯长子北达太原，东北归京师，南下怀汴，抵金陵，西驰蒲坂通秦蜀。传使络驿相望，实称繁剧。"

鲍店镇在长子县北，地势平坦，交通方便，有"小汉口"之称，并有"拉不完的吾元，填不满的鲍店"之说。长子县县丞驻鲍店。

鲍店镇一街两旁店铺林立，商贾云集，多达数万人。许多百姓人家都成了客商的食宿之地。好客的鲍店百姓不仅为房客烧水做饭、缝洗衣服，还负责保管货物，打包括货，不少老客户常常续订下年的住房协约。往来的时间长了，便有一些客商长期定居鲍店。

鲍店药材会在乾嘉年间达到极盛，号称东走齐鲁，西过秦陇，南及皖广，北抵绥蒙，辐射全国二十四个省。

屯留县的余吾镇是东到邯郸、西到平阳、南到怀庆、北到太原的交通要道,人称三晋通衢。余吾镇设有驿站,正街有南北两圈门。南圈门外书"古纯名镇",内书"人杰地灵";北圈门外是"三晋通衢",里面是"物宝天华"。

老爷山,在余吾镇西北,东南俯瞰三晋通衢的余吾镇,东北与磨盘垴对峙,北面是潞、泽、平阳三府通道的咽喉——五瓒关。

五瓒关五峰环立,为南来北往之冲。据《潞安府志》记载:"五瓒山,在(襄垣)县西南七十里,高七十丈。五峰环立,周三里。南连屯留三峻山五里,中为南北往来之冲,有关。"

虒(si)亭,春秋时叫铁梁城,城山高林茂,虎狼出没。晋文公分兵围猎,根除虎患,更名虎亭。晋朝大夫羊舌赤来此为官，羊入虎口，犯了地名，便在有龙脉处筑亭镇虎，并将虎字改为虝字。虝为古兽名，似虎，头上有角，能行于水中。

虝亭地界开阔，地势虽不险要，但控漳河之水，为交通要道。

武乡县境内的道路有省路、县路之分。据《武乡县志》载："由权店向西北经勋欢、良侯店、五里铺、分水岭、石窑会、土门、窑里头达南关镇，北至祁县之北关，南通沁属之走马岭。此段为太原与潞泽通衢，即省路之大干也。"

权店在武乡县西北，南入沁县接走马岭，北入护甲山，达子洪镇。《武乡县志》称："邑之西陲权店营，北接太原，南通上党，万山交束，最号严险，实为冀南之牖门，潞泽之咽喉，武备有不可不讲者。……该地自祁入武，初起地势平坦，而愈走愈窄，自武入沁，则由峡地渐转宽谷。其间延绵百里，高岗峻岭，涧溪

穿谷，势极峭峻秀丽。"

自权店向北进入隆州峪大峡谷。

隆州峪，又称隆舟谷。谷北口为祁县紫红镇，又称紫红口谷。隆州峪全长约一百二十里，两岸悬崖壁立，鸟道崎岖。《适晋纪行》描述："两岸皆高山绝云，中为巨涧。沿涧水而北，泉声益奇，崩峡束流，为瀑布、为帘、为怒虬、为渴虹者不一，盖自是山皆石骨矣。第左道尽则渡而右，右道尽复渡而左，其险视西塘不啻类之，凡数十渡，气竭兴亦尽矣。"

南关是隆舟谷中最险仄的地方，四面残岩陡峭，山绝路险，涧水潆漫，是上党出入晋中盆地的孔道。

逢二、五、八日是南关的集日。因南关距武乡、沁县、祁县、平遥、榆社等县城距离相等，又是来往游客和商贾的歇脚之地，每逢集会，河滩里骡马成群，非常热闹。太谷、祁县的红枣、古衣，平遥的农具、炕席，沁县、榆社的粮食也来南关交易。太谷、平遥、祁县的商贾还在这里开办了当铺。

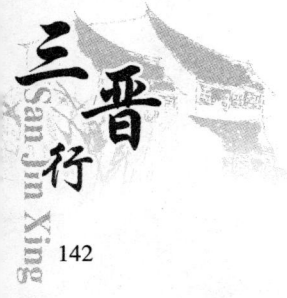

# 晋商故里

山西经营茶叶的商人多为晋中地区的豪商巨贾。主要有祁县的渠家、乔家,太谷的曹家,榆次的常家等等。

祁县地当通衢,交通便利。清时县境内有两条驿道,西路贾令驿,东路盘陀驿。据《祁县志》记载:"祁西南道河东,通秦陇,东南逾上党,达中州,北当直省孔道。固四达之衢也。……盘陀驿五铺,白圭铺北界太谷县,十五里至团柏铺,十五里至紫红铺(盘陀驿移置于此),二十里至盘陀铺,二十里至来远铺,十里至北关,南界武乡县,共八十里。"

得益于便利的交通,祁县商业历史悠久,声名远著。祁县人以经商为荣,而且蔚然成风。明清祁县人把最有才能的子弟送去经商,次一些的才让他们去读书求取仕途。以至于连一些秀才也不再求取仕进,而是弃笔从商,去做了生意。民间有谚语:秀才进字号——改邪归正;生子有才去做商,不差七品空

堂皇；家有万两银，不如在茶票庄上有个人。

　　祁县城以东西南北四条大街为主，二十八条街巷纵横。四条大街临街门面，均为商号店铺，尤以东西大街最为突出。前面临街为铺面，后院为仓库、作坊和住宅。各大票号均在东西大街。茶庄有长裕川、巨贞川、永聚祥、大德诚、大玉川、裕盛泉、德逢源、巨盛川、大德川、宝聚川、古源川、宏源川、通川盛、福廉泰、大德兴等近二十家。

　　长裕川茶庄的总号在段家巷，是祁县渠家于乾隆年间创办的。渠家是较早开始茶叶贩运的山西商人，并且逐渐发展成这条商路上最重要的茶商之一。

　　渠氏先祖是上党长子人，经常从上党贩运潞麻和梨到祁县，再把粗布和枣贩回上党，年长日久，有了些积蓄。明洪武年间定居到祁县。后来其子孙到包头一带经商，经营着菜园、油粮、茶叶，并兼做钱业生意。到清乾嘉年间，渠映璜增设长源川、长顺川两大茶庄，贩销于西北
各地。渠家因此积累了万贯家财，成为巨商大贾之家，当时为晋中八大富户之一。

　　大德兴、大德诚在西大街，是祁县乔家的茶庄。乔家也是茶路上十分重要的山西茶商。乔家的宅院是祁县城东北二十五里官道旁边的乔家堡。

　　乔家祖居祁县乔家堡。乾隆初年开始走口外，在当铺做伙计。稍有积蓄，开设客货栈广盛公。后来广盛公改名复盛公，是包头城开办最早、实力最为雄厚的商号，当地有"先有复盛公，后有包头城"之说。

　　复盛公买卖兴隆，继在包头增设复盛全、复盛西商号和复盛菜园。后来又在包头城内开设复盛公、复盛西、复盛全等门面，伙计多达四五百人。

　　乔氏依托复字号，又向国内各大中商埠发展，先后在京、津、东北、长江流域各城镇设立商号。西至兰州、西安，东至南京、上海、杭州，北至张家口、归化、包头，东北至沈阳等地，均设有乔氏商号。永聚祥是祁县何家的茶庄，在县城南街。

太谷商贸历史悠久发达，有民谣唱道：金太谷，银祁县，吃不完米面的榆次县。《太谷县志》称："太谷素称勤俭，崇经术，尚礼义，诚为美俗。今观士敦行谊，农力于野，商贾勤于贸易，无间城市、乡村，无不纺织之家，可谓地无遗利，其勤不减古昔矣。"

入清以后，太谷"商贾辐辏，甲于晋阳"，进入鼎盛时期。道光二十二年（1842）《太谷重修大观楼捐银碑》记载，当时太谷捐银的商号就有六百余家，遍及全国各大码头。经营有票号、药材、绸缎、皮货、呢绒、布匹、典当、粮食、杂货、副食、土产、麻铁、颜料、茶庄、客栈等等，应有尽有。

曹氏原住太原县花塔村，明洪武年间迁至太谷县北恍村。

明末清初，曹三喜随人至东北三座塔（在今辽宁朝阳县），租地种菜、豆类。后与一当地人合伙，用所种之豆，磨成豆腐出卖，用豆腐渣养猪。辛苦经营多年，日渐发达。随着三座塔地方的繁荣、人口的增多，清廷设立了朝阳县。

当地有"先有曹家号,后有朝阳县"之说。清兵入关后,曹三喜开始向关内发展。首先在太谷设号,继设号于华北、西北各商埠。道光、咸丰时达到鼎盛。当时曹氏商号遍布全国各地,如济南、徐州、兰州、太原、天津、北京、沈阳、锦州、四平、张家口、黎城、屯留、太谷、长子、榆次等,在新疆、库伦及莫斯科、伊尔库茨克等地,也设有曹氏商号。

榆次东阳镇西有个车辋村,茶叶之路上最重要的山西茶商常家的庄园就建在这里。

在恰克图从事对俄贸易的众多山西商号中,经营历史最长、规模最大者,首推榆次车辋常家,常氏一门,从乾隆时从事此项贸易开始,历经乾隆、嘉庆、道光、咸丰、同治、光绪、宣统七朝,沿袭一百五十多年,尤其晚清时,在恰克图十数个较大商号中,常氏一门独占其四,堪称清代山西省的外贸

世家。

常氏原为太谷县人,明弘治年间常仲林迁居到榆次车辋村的刘家寨。到八世常威时开始经商。其经商地点多在张家口、多伦诺尔、兴化等地。

常氏分为"南常"、"北常"。北常从乾隆年间始,就以大德玉商号名义在恰克图经营对俄贸易。随着业务的发展和资本积累的增加,道光六年(1826)新设大升玉商号,道光二十年(1840)增设大泉玉商号,同治五年(1866)增设大美玉商号,光绪五年(1879)增设独慎玉商号,号称十大玉。南常的商号名称均带有昌字,号称十大昌。其商号遍布苏州、上海、汉口等地。

山西商人贩运茶叶的最终目的地是中俄边境的恰克图。晋中距离恰克图路途还相当遥远,晋商们把在故乡本部的商号稍做调整之后,再一次开始了北上运茶的漫漫长旅。他们下一个要抵达的目的地是塞外重镇旱码头——东口张垣,或西北山西商人的大本营——西口归绥。

从祁县、太谷向北,经徐沟、太原县、太原城、阳曲县、忻州、崞县、代州,出雁门关,经山阴,于怀仁黄花梁,分东西路。东路,经大同、阳高、天镇、直隶怀安抵达张家口;西路,经左云、右玉,出杀虎口,到达归化城。

徐沟是京官道和府官道的必经之地。

明清时，徐沟城内贾商云集，是与祁县太谷平遥平分秋色的商业重镇。乾嘉时，徐沟城内已经逐步形成了十行九市。十行为钱行、粮行、当行、油面行、酒行、药行、彩帛行、南京行、颜料行、花布行。九市为布市、粮市、花市、羊市、木市、鸡市、菜市、猪市、骡马市等。

清朝初年，徐沟城内已成南北粮食总汇之地，有粮店四十多家，晋北忻州崞县的高粱、豆类，西南汾州、霍州的小麦、面粉，东南沁州、潞州的小米、杂粮，都先集中于徐沟县城，而后分销各地。

太原县最南有南格、北格两个村子。原来两个村子是连在一起的，村里有个魁星阁，俗称大阁寺。明时洞涡水暴涨，将村子冲为两村。大阁寺北称北阁，寺南称南阁，后来演变为南格、北格。清康熙四十二年（1703），康熙皇帝西巡到北格，书"秀眉"二字，赐耆老马殿。光绪二十六年（1900），八国联军攻陷北京，慈禧携光绪帝西逃，路经杨家堡、大马、殷家堡、小马、嘉节、小店到了北格，并在北格南头韦记旅店打尖后才继续南行。

流涧村原名刘监村。涧河从榆次北山经小店西入汾河。元末明初，小店村在红寺道筑河坝，把涧河逼向南流，经刘监村到北格附近入了潇河。刘监村也成了流涧村。

三贤村，古名断金村。传说有两位老人路经村北，远远望见路旁金光闪烁，近前一看，竟是一根金条。两位老人拾起金条后,谁也不愿独享,互相推让。正在这时,迎面走来一位肩扛锄头的银须老人,见二位因一根金条推让不休,就微笑着说:君等何必为此事而礼让不休呢!于是放下锄头,用食指对着金条轻轻一敲,金条便断成两截,银须老人示意二人各拿一截,二位老人坚决不肯拿,而是把两半截金条分别抛向东西两地。之后二位老人和银须老人一起哈哈大笑,飘然而去。后人感念三位老者高尚的道德情操,将村名起名为断金村。后又改称三贤村,以纪念三位贤人。

小店镇,又名永安堡,俗称凤凰堡,以街巷形似凤凰而得名。小店镇地处太原府南官道京西官道与平晋城西官道交叉处,同时又是西渡汾河的渡口,平日里客来车往,有人便在汾河渡口东岸开设商铺店面,于是称小店。

嘉节村的由来有两种说法。一种说法是:明代,村里有一批人习武练拳,豪爽仗义,惩恶扬善,讲究道义,很有气节,受到了当时州县嘉奖,所以称嘉节村。另一种说法是:村里郝姓人家有一年轻少妇,丈夫早亡,她执意守节,孝敬公婆,抚养幼子,受到旌表,村名便叫成了嘉节。

嘉节是自太原城经杨家堡、大马、殷家堡、小马到小店南下的京西官道上太原县中路五铺之一。

大马村没有马姓人家,在明代是官府养军马的地方。因与南面的小马村相对,才叫成大马村,是京西官道路经之地。

亲贤村,古称凤凰村。取《四书》"仁者人也,亲亲为大;义者宜也,尊贤为大"之意。

# 锦 绣 太 原

太原，古称晋阳，建于春秋晋定公十五年（前497）。殷商为唐国，西周为北唐，春秋为晋阳邑，战国时为赵国都城。秦嬴政元年（前246），初置太原郡，从此始有太原之称。之后，北朝、隋、唐时期，历为重镇。天宝元年（742）加号北京。五代，晋阳曾先后为后晋、后汉、北汉之都城。赵匡胤建立北宋，宋太平兴国四年（979），赵光义灭北汉，火烧晋阳城。太平兴国七年（982），赵光义派潘美重建太原城。仁宗嘉祐四年（1059），始设太原府。

清代，太原境内驿路依其重要程度分为大驿、次冲和偏辟三种。从直隶经井陉、平定到太原，再经临汾、侯马至蒲州永济入陕西这条路为大驿；自太原府东南至潞安府，出凤台县，入河南境的道路为次冲；其余皆为偏辟。

京西官道。自北京经真定、故关、寿阳、王湖、榆次、张

庆、徐沟、尧城、贾令、平遥、平阳等地去往西安府。

东路通往京师道。自太原城经寿阳、平定州、故关、鹿泉、真定通达北京。

西路通往汾州道。自太原城经太原、清源、交城、文水到汾州府、永宁州去往陕西绥德州。

西北路通往岚、管州道。自太原城经天门关、凌井驿、西小店、两岭关通往晋西北地区。

南路通往蒲州、泽州道。自太原城经杨家堡、三贤、同戈、徐沟抵团柏镇后分两路：一路向东南经盘陀、沁州、潞安府、泽州府去往河南怀庆府以远；一路向南，经平遥县、平阳府、曲沃、安邑、解州、蒲州，去往陕西西安府。铺递有老军营、杨家堡、马村、嘉节、东桥、将军（流涧）、三贤（北格）、同戈、徐沟总铺、高花、尧城及罗村铺等。

北路通往云朔道。自太原城经黄土寨、石岭关、忻州通往大同府、朔平府以远。阳曲境内有临汾、成晋两个驿站，并有十里铺、新店、阳曲湾、司土凹、青龙镇、黄土寨、成晋驿、马铺头、三和店及石岭关等,长一百里许。

太原城,宋太平兴国四年(979),宋太宗平刘氏毁太原古城,徙州榆次,又三年潘美于唐明镇复建太原城。后来宋仁宗对太原城进行了修建。太原知州陈尧佐为了防止汾水泛滥,东岸筑了长堤,并引水潴成湖泊,堤旁湖畔,栽种柳树,名之"柳溪";东山上长满遒劲葱茏的古柏苍槐,称为"锦绣岭",自然环境十分优美。在宋、元时,有"花花正定府,锦绣太原城"的赞称。嘉祐四年(1278),以并州为太原府,府治设在并州治;明清时太原城进行了多次重修。

太原城修有八座城门,并都建有瓮城。南西门,初名朝天,后改迎泽,俗称大南门。南东门,初名太平,后改承恩,俗称新南门。北西门,初名镇朔,后改镇远,俗称大北门。镇远门外有月城两座,与北关城遥遥相对,由土门街衔接,是太原城的北门户。北东门,名拱极,俗称小北门。东南门,初名来春,后改宜春,俗称大东门。东北门,名迎晖,俗称小东

大南门迎泽门

门。西南门,初名阅武,后改振武,俗称水西门。西北门,初名通汾,后改阜城,俗称旱西门。

赵光义修筑太原城时,闻太原有"龙脉",害怕再出李渊、李世民、李存勖、刘知远这样争天下的人,为了钉破龙脉,所以在筑城时,把太原城的官街修成"丁"字形,取"钉"之意,想钉住并州。宋太原城中的官街道有四条,各通四门,因四座城门并不垂直,也不水平,又有子城占据城中,所以形成了"官街丁字"的格局。《永乐大典》载:"城之四门互不相直,南门较居中,东门偏北,而北门极偏西,西门极偏南。"

鼓楼是太原城内最高大、最宏伟的建筑。据载,鼓楼"楼高逾十丈,雄镇八门。下为楼座,积土为台,外砌砖围,高达三丈,东西长百余步,南北宽八十余步。上为木结构三层楼阁，高达七丈。飞檐斗拱，雕栏画栋，琉璃瓦覆顶，十分壮观"。每逢三月三的登楼古节，更是城民集聚，游人如鲫，热闹非凡。鼓楼街也因此而得名。

鼓楼街形成于元明之际，清初正式命名鼓楼大街。

鼓楼街是清以来山西的金融中心。山西是钱庄票号业的发祥之

鼓　楼

地，太原是省内钱庄票号的集聚之地。名目繁多的庄号，散布在城内各街，但中心却在鼓楼街。清银行的山西总行就设在鼓楼的东侧，山西官钱局与之毗邻。

金代中叶，阳曲县治迁徙到太原府城中，县衙门前的街道便得名县前街。

明废元冀宁路，改置太原府，设府衙于县衙东。县前街一辟为二，以三桥街南口为界，向西仍为县前街，向东则改名府前街，俗称府门口。明代初至清道光年间，县前街和府前街是太原城中官署、学府、庙宇最为集中的街巷。太原府衙、阳曲

县衙、府文庙、府学、县学、黑虎财神庙……鳞次栉比,不一而足。

明宣宗朱瞻基登临帝位,新设了巡抚一职。山西的巡抚衙门便驻建于太原府衙的东面。因巡抚别称抚院,因此巡抚署也被称为院署。院署前面府前街的东段也称为院门口。

山西巡抚衙门(现在山西省人民政府大院),最早是晋文公重耳庙。赵光义灭北汉毁晋阳时,大将潘美的帅府就设在此庙内。太平兴国七年(982)三交都部署潘美奏乞,将州治设在重耳庙址。

金熙宗时太原为河东路,路府即设在大督府治内。

金兴定二年(1218)八月,元军在木华黎的指挥下攻入城池,占领了河东路治。元世祖忽必烈设行中书省,山西行中书省衙门设在河东路治旧址。

明太祖朱元璋改山西行中书省为三司,即:承宣布政使司、提行按察使司、都指挥使司，分别管理行政、司法和军队。三司直接向中央负责，中央都察使司下设都察御史。出巡时为巡按御史，代皇帝巡视地方，弹劾官吏，监察民情。永乐十九年（1421），明成祖派遣大理寺丞孙时巡视山西，考察吏治，安抚军民（巡抚由此而得名）。巡抚在明初设时，为临时性差遣，有事则置，事毕复命，事平则止。宣德五年（1430），始置山西巡抚衙门。

崇祯十七年（1644），李自成攻占太原后，封韩文铨为太原节度使，在明巡抚衙门办公。九月，清廷派北路英亲王阿济格率重兵入晋，包围太原。十月初三，太原城陷落。大顺政权在这处院落仅存在八个月。

清顺治二年（1645）三月，新任山西巡抚马国柱，进驻大顺节度使衙门，时称清山西巡抚衙门。

新店是明代王府的坟地。原名永宁堡，取永远安宁的意思。新店地处太原通北要道，商贾云集，店铺兴盛，俗称二十里铺。为区别于太原县的小店和阳曲县的北小店，于是取名新店。

青龙镇原名青蒿嘴。传说村内生长一丛中药材——蒿，硕大无比，四季常青，因而得名青蒿嘴。后来村庄不断顺河岸修建，蜿蜒曲折，形似巨龙，故改称了青龙镇。

石岭关，又称白皮关、石岭镇。东接系舟山，西靠官帽山，地形险要，是太原通往代、云、宁、朔的交通要冲。

石岭关始建年代不详。唐代时驻有戍兵，金设酒官、巡检

司。明万历二十一年（1593）改筑石城。石岭关城方围二里半，有内、中、外门三道，每门相距约四十五丈。内门洞顶筑有"观音阁"，外门洞顶建有"三义庙"。中门，名"耀德"，万历二十四年（1596）建。门洞长三丈，宽一丈，高两丈二，石砌门台，砖券拱门，十分坚固。城墙底宽丈余，顶宽三尺，高丈五，依山曲折筑砌。

忻州，古称秀容。相传汉高祖北上抗击匈奴，兵困平城（大同），脱围时大军南撤，逃到忻口才摆脱了追兵。高祖十分高

兴，于是将秀容改作忻州。

忻州城建于九龙之首，城墙顺坡依势而起伏，随地展开而延伸，像一头巨牛，面东而卧。所以忻州城也有"卧牛城"之说。忻州城东有牛叫（读游邀，为牛叫谐音）村，城西有牛尾集镇。据《忻县志》记载："亦传，古时，有一老牛，从东而来，向西而去，行至游邀时，因择地而卧，其后便无影无踪了。后来，按牛卧姿态建立城池，名曰卧牛城。"

忻州城内以东西南北大街为主干，青色石条铺面，贯通大街的各临街小巷，两侧布满商号货栈，街道巷口均竖坊表。尤其是地处中心的十字街，更为热闹繁华。南北两关有过往客栈几十家。

忻口是忻州的北门户。忻口即是"山口"的意思。北齐、北周以及五代时期，都是中原与北方争夺的关口。《忻州志》

载:"两山中夹滹沱水,实晋阳门户。相传汉高祖自平城突围至此,六军开口欣笑,故名。考其沙河名忻水,发源于崞,经流于忻,因以名郡,此为郡北要害,故名忻口耳。平城至此五百里矣何始笑哉?以笑口为忻口甚谬。"

崞县在西汉设县时就叫原平县。隋大业年间改称崞县。1958年12月7日,崞县又改名为原平县,县城由崞阳迁至原平镇。1993年6月7日设原平市。

崞县城北门外有来宣石桥,南门外有普济石桥;南关内有平定石桥、永安石桥;县南五里有北彪车桥。《崞县志》载:"北彪车桥,县南五里为南北往来孔道。"

代州阳明堡,最早叫羊头城。春秋时期,晋国大夫羊舌氏巡视于此,发现羊头河水白白流淌,于是组织村民开渠筑坝,兴修水利,灌溉农田,使这里五谷丰登,故取名羊头城以示纪念。宋治平二年(1065),羊头城筑起城堡,逐渐演变成了阳明堡。

阳明堡再北便是三关冲要——九塞尊崇的雁门关。

# 雁门商路

雁门山，古称勾注山。相传每年春来，南雁北飞，口衔芦叶，飞到雁门盘旋半晌，直到叶落方可过关。《山海经》："雁门山者，雁飞出其间。"

雁门关古称勾注塞。《吕氏春秋》载:"天下九塞,勾注其一。"

唐初,北方突厥崛起,屡犯中原,唐驻军雁门山,在制高点铁裹门设雁门关城,戍卒防守。《唐书》载:"东西山岩峭拔,中有路,盘旋崎岖,绝顶置关,谓立西陉关,亦曰雁门关。"

宋代雁门关是防御契丹的战略要地。元朝设千户所,关城被毁。明洪武七年(1374)在旧关东北十里的地方修筑了新关。

雁门关城,周长二里,墙高二丈,设有东门、西门、小北门三个城门。门洞用砖石叠砌,青石板铺路。东门上筑有楼台,称雁门楼。西门上筑有杨六郎庙。小北门是雁门关第一道关门,未设顶楼,砖石结构。门额上的石匾刻着"雁门关"三个字;洞门两侧镶嵌砖雕对联:

三关冲要无双地,九塞尊崇第一关。

关城东门外建有靖边寺,祭祀战国雁门关的守将李牧;西门外建有关帝庙。关城正北有驻军官署营房,东南设有练兵教场,南面就是雁门山的最高峰过雁峰。

明清时，雁门关商贾云集，南来北往，拥挤难行。由于车流骤多，代州知州于乾隆三十六年（1771），在雁门关地利门外立了分道碑，碑文内容如下：

正堂禁示：雁门关北路紧靠山崖，往来车辆不能并行，屡起争端，为商民之累。本州相度形势，于东隘另开车道，凡南来车辆于东路行走，北来车辆从西路终由，不得故违，于咎未便。特示。乾隆三十六年三月吉日立。

新广武原名广武营，在雁门关北二十里处。两山对峙，中置营城，建于明洪武七年（1374），

重建于明万历三年（1575）。是雁门关的守卫重地。

山阴县岱岳镇，有驿站，并设有巡检司。八国联军攻陷北京，慈禧与光绪皇帝出逃西安时，路经岱岳镇，并住了一宿。第二天到了安荣，在桑干河上的大桥边歇了歇，还写下了"普济安宁"四个大字。

在山阴、怀仁、应县交界的地方有一山冈，当地人称黄花梁。黄花梁又叫黄花岭、黄华岗。《应州志》载："即山川志

黄花岗也,在城西四十里,与城西相低昂。势竞并驱。至秋,黄花耀金,远近起瞻,习习风来,则幽香袭人,游不厌日。"这里林木葱茏,长满了青松翠柏,而且是野兽出没的地方,辽兴宗皇帝还曾来这里狩猎。但是,兴宗皇帝信佛,在应州城大兴土木,建造木塔,材料即取之于黄花岭,竟把黄花岭的树木砍伐殆尽。至明初,当地已绝少树木,只是在一片荒丘上长满了盛开黄花的山胡麻草。

旧时黄花梁上有民谣:上了黄花梁,两眼泪汪汪,男人走口外,女人挖苦菜。

黄花梁下的歧道地村边有两条大路,一条是向西北,经杀虎口通往西口归化城的路;另一条则向东北,经大同、怀安去往东口张垣。

恰克图中俄贸易的茶叶,大部分是由张家口经库伦运往恰克图的;也有一部分是由归化经库

伦运往恰克图。途经张家口运输茶叶，其主要目的即恰克图中俄贸易，所以茶叶之路的主干线应该是由经张家口经库伦运往恰克图的运输线路；由于通过归化城转运茶叶的目的地是整个西北地区，而并非仅仅恰克图一地，所以途经归化的茶叶运输线路虽然也有一定的数量，但不能构成茶叶之路的主干。当然，至少应该是茶叶之路的一条重要支路。

茶叶之路从歧道地分为东路张家口方向的主干线和西路归化方向的支线两条。东路，黄花梁歧道地东北行，经怀仁、大同、阳高、天镇，直隶宣化府怀安，抵达茶叶之路中最大的旱码头——东口张垣；西路，黄花梁歧道地西北行，经左云、右玉，出杀虎口，又经和林格尔，到达土默特归化城。

明代，大同是我国北方的军事重镇，"屏全晋而拱神京"，素有"北方锁钥"之称。明洪武五年（1372），大将军徐达在辽、金、元土城的基础上增筑大同城。

大同城以四牌楼为中心，东为和阳街，西为清远街，南为永泰街，北为武定街。四条大街将大同城分为四隅，形成了四大街、八小巷、七十二个绵绵巷、一百三十六条街衢，规整通达。四大街的中段十字路口各建一楼，东有太平楼，南有鼓楼，西有钟楼，北有魁星楼。城中心为四座精美的牌坊，称四牌楼。大同府帅府、都察院、户部分司、察院、县治、山西行都司及各卫所等公署都设在城内。

洪武二十四年（1391）十月，朱元璋为了加强大同一线的防卫力量，将十三子豫王朱桂改封代王坐镇大同，代皇帝行使职权。洪武二十九年（1395），将辽代西京国子监改建代王府。

代王府坐北向南，四周围有土夯砖砌的高大围墙，百姓称之为皇城。皇城基本是正方形，中间从南向北依次为端礼门、承运门、承运殿、崇信门、存心殿、长春殿和北门。西边依次为广瞻仓、长春宫、望亲楼、清署殿、宗庙、燕居之殿。东边戟门之内东西两侧屹立着社稷坛和风云雷坛，其后为大成之殿、谨德殿等。王府前有九龙壁。

九龙壁长十三丈七尺，高二丈四尺，厚六尺三寸，分壁座、壁身和壁顶三部分，以五彩琉璃拼砌而成，壁面为翻腾的九条巨龙，两端分别为旭日东升和明月当空的图案，九条大龙飞舞奔腾于波涛云雾之间，中间是山石水草。

明末，穆宗皇帝接受了右都御史、宣大总督王崇古和大学士高拱的建议和主张，封俺答之孙拔汉那吉为三品职衔的指挥使，并与蒙古鞑靼部重行互市，从而打开了与西北少数民族关系的新局面，化干戈为玉帛，变敌对为睦邻。大同是当时的互市点之一。

清顺治六年（1649），多尔衮亲自出征围攻大同长达九个月之久。最后因城内粮尽，抗清起义军开门降清。当时的清军统帅英王阿济格曾因久攻大同不下，而一度被罢职。为此，阿济格进城后，把原来的城墙削掉了五尺，名为斩城；同时还进行了血腥的大屠杀，名为屠城。除去一些寺观的僧人道士之外，城内的军民几乎全被杀光斩绝，整个大同城陷入了一片血海之中。大同镇府治也就东移到六十里外的阳和卫（阳高县），县治移于西安（大同郊外）。四年后，才又复城移治。

阳高的东西大路均为官道，人马车辆过往频繁。明皇西征、闯王东进、康熙出巡、慈禧逃秦，都曾从此经过。西大路，出南门，经三义庙、十里台、安滩、王官屯、重兴镇、阎家台，进入大同境内聚乐堡；东大路，出东门，走马家庄、北徐屯到天镇境三十里铺。

天镇的官道由怀安西入枳儿岭，经大桥、天镇城、一畔庄、三十里铺，去阳高，境内长六十里。北魏时，为南京（北京）至西京（大同）的国道；唐是云州（大同）通幽州（北京）官道；元代为大同通往中都（燕京）的官道；明代是大同镇通往宣化镇的官道，也是驿道。清代成为大同至张家口官道，同时也是驿道。

怀安城建在洗马林、柴沟堡南入阳原、蔚县，和宣化、左卫经枳儿岭到天镇、大同的南北、东西要道的交会处，既可南屏幽燕，又可北镇九边。

唐穆宗长庆二年（822）设县时，取"朝廷施行仁政，百姓怀恩而安"之意，定名怀安县。明洪武二十五年（1392）建怀安城，取"怀恩感德，安然帖服"之意。怀安城设怀安右卫时，曾驻有卫指挥使，分设西路参将、卫守备、城守都司、把总等主要武、文职官员。城内建有卫指挥使司署、巡按察院署、卫城守备署、儒学署、下西路通判署等各级官署。

枳儿岭在怀安城西三十里，接山西天镇县界，是燕云间的门户要寨。

万全左卫是明万全都司宣府西路三卫之一。卫城周围八里，仅开二门，东门定远，南门迎晖。南门百姓称之为喜门，婚嫁以出入；而出殡与斩杀囚犯则出东门，故称丧门。

康熙三十二年（1693），改怀安卫为怀安县；万全右卫为

万全县，而万全左卫则废置并入了怀安县，城名沿用了左卫。驻有宣化府西路绿旗常备军九营之一的左卫营，设军站、民驿。康熙皇帝两次西征，均经过左卫，并在左卫驻跸。清末，慈禧太后西逃，亦曾过洋河，住宿在左卫。

右玉是朔平府的府城。雍正年间，城内人口剧增，最多时达两万余人。城内外的各种建筑千姿百态，宫观寺庙星罗棋布，牌楼牌坊遍地林立。城内建造的将军府、都统府、协佐领署、骁骑校署、府县署等衙署共有二百五十六处。四条大街店

铺林立，商贾云集。乾隆二年（1737），驻防右玉的将军移驻绥远城，城内大量驻军迁走，城内人口才逐渐减少。

杀虎口在右玉城北二十里。春秋战国时称参合陉、参合口；唐时更名为白狼关；宋时改叫牙狼关；明时北方游牧民族南侵，明朝发兵抵御和征伐，多从此口进出，于是更名为杀胡口。清乾隆年间，为缓和民族矛盾，将胡改为了虎。《朔平府志》称："杀虎口直雁门之北，众嶂重叠，崎路险恶，数水交汇，绾毂南北，自古传为要塞。"

杀虎口战略地位十分重要，历代在此屯兵遣将，设置防御。明嘉靖二十三年（1544），建城筑堡。周围二里，高三丈五尺。只设南门。万历四十三年（1615）于杀虎口南另筑新堡，名平集堡。两堡中间东西筑墙，连为一体。

杀虎口北面通往关外有栅子门，紧连着长城的城头堡，常设官兵驻守。栅子门白天开放，夜间宵禁，一夫当关，万夫莫开。

杀虎口设有户部抽分署、协镇署、笔帖式署、驿传道署、巡检司署、中军都司署等等。

明末清初，杀虎口是中原与塞外的物资交易中心。众多客商频繁往来，边陲重镇格外繁华。当时新旧堡内店铺林立，集市兴隆。十字街东面叫东关，西面叫中关，其间多商铺及庙宇。西关北侧有税部抽分署衙门；西门街多店铺及工匠作坊。

和林格尔是蒙古语二十间房子的意思。因清初新设驿站时，这里建有二十间房子而得名。民国元年（1912）设立了和林格尔县。

明成化年间，蒙古达延汗统一蒙古诸部，领有了归化城这块地方。后来他的孙子阿勒坦汗率土默特部驻牧丰州滩。隆庆五年（1571），阿勒坦汗受明朝封为顺义王，第二年修筑了归化城。雍正元年（1723），置归化城理事同知厅，直接隶属山西朔平府。雍正十三年（1735），修筑绥远城，为八旗兵驻防。乾隆四年（1800），设将军署，后增设绥远同知厅。民国元年

（1912）改归化厅为归化县。1928年，建立绥远省，改归化为省会。1954年，归绥市改称呼和浩特市。呼和浩特，蒙古语为青色的城。

　　清时，归化城是蒙古地区的商业重镇。是沟通蒙古和西北地区同内地商业往来的重要渠道。从内地运来的京广杂货、布匹、绸缎等，经此转销于甘肃、新疆及蒙古地区。各地的土特产，诸如皮毛、牲畜、葡萄、瓜果、药材等运回，销往北京、天津等地。《蒙古志》载："归化城，土人称库库和屯。山西省之散厅也。位图尔根河北岸，阴山之阳。初本蒙古地，后乃入山西。设抚民同知一人，属归绥道，副都统驻之，河套之东一都会也。……西南地势开敞，东北层峦叠嶂，屹然雄镇。人口三万余，喇嘛亦二万。物产以家畜为大宗，罟毛网毡毯制皮，大理石，细工及油等，亦均著名。毛网运往天津，输往欧洲。运驼多至二十万头。茶市亦盛。其东北有绥远城，周六十

里，高二丈四尺，相距甚近，亦颇坚固，将军及归绥兵备道驻之，重镇也。二城之北，有翁衮山，为阴山脉最高之峰。"

原归化城，周围二里，高三丈，南北门各一。筑成后不久，阿勒坦汗便去世，其妻三娘子成为这座城市的主宰。三娘子力主与明王朝和睦相处，以致蒙汉两族不用兵革达三十年之久。人们为纪念这位草原女杰，将此城称作三娘子城。

清初，三娘子城被焚毁。康熙三十三年（1675），为征准噶尔部，在原城外增筑了一道外城，包围了原城东、南、西三面。

归化城内有商业铺面房一千五百三十间，并建有藏传佛寺、清真寺林立于城内。乾隆时，已达四十多个召庙，"有七大召，八小召，七十二个命名召"之说。城内设立四处税卡栅栏。《古丰识略》载："其南栅系杀虎口孔道，北栅通山后部落喀尔喀扎萨克等处，东栅通察哈尔蒙古八旗，西栅通乌拉特、鄂尔多斯地方。"

# 东口张垣

张家口,也叫张垣,地处京、晋、蒙交界,是东接京、津,西通晋、陕,南接华北腹地,北出塞外的交通要冲。明代是北方的九边重镇之一,清时,更是我国北方著名的商埠和陆路码头。

明隆庆四年（1570），鞑靼首领俺答臣服受封，张家口被辟为蒙汉互市之所。以张家口堡和来远堡为基础，张家口逐渐发展成为蒙汉民族贸易交往的中心，摊铺栉比，商贾云集。来远堡外穹庐千帐，民族商业贸易十分兴盛。

至清，张家口的商业贸易得到了进一步的发展。顺治二年（1645），在张家口设章京衙门。据《清文献通考》记载："京等驻防之地，凡外藩各蒙古来张贸易者，俱令驻于边口正常贸易，毋得阻抑，其喀尔喀来张贸马者，命驻于口外，申报户部。"

康熙二十二年（1683），清廷在致噶尔丹的敕书中规定："嗣后尔处所遣贡使，有印验者，限二百名以内……其余俱令在张家口、归化城等处贸易。"同时规定除厄鲁特四大台吉贡使商队可入京贸易外，"其余诸小台吉皆市张家口"，"令喀尔喀于张家口、古北口贸易"。

康熙二十九年（1690），清军击垮噶尔丹，打通了通往漠北的商道，立大境门为蒙古与本部贸易的场所，张家口逐渐成为陆路大商埠，"百货之所灌输，商旅之所归途"。

雍正二年（1724），置张家口理事同知厅，辖察哈尔八旗东翼镶黄一部，西翼正黄旗以及口内蔚州、怀安、万全、宣化、保安、西宁、蔚县等七州县。

雍正五年（1727），指定张家口、归化城、杀虎口、喜峰

口、古北口、独石口等地为进入蒙古草原经商的贸易孔道。凡赴蒙古草原和漠西厄鲁特蒙古族地区进行贸易的商贾须向理藩院或驻张家口的察哈尔都统、归化城将军、多伦诺尔同知、西宁办事大臣等申请，经审查才给颁发准入蒙古指定范围贸易的"部票"（又称龙票）。理藩院为了加强对蒙古族的监督和管理，还在张家口、喜峰口、杀虎口、古北口、库伦、恰克图、科布多、乌里雅苏台等地派驻都统、办事大臣、左副将军、侍郎、司员、笔贴式，办理与蒙古族有关的事务。《清仁宗实录》载：口外沿边地方，自康熙年间已有内地民人在彼耕种居住。百余年来流寓渐多，生齿益众。雍正元年以后，节资添设官员。现在（嘉庆十五年）吉林、盛京、直隶、山西、口外毗连一带，共设有一府、一州、五县、十二厅。

乾隆十七年（1752）规定，恰克图、库伦等地方商贩，牛羊马驼，令由张家口进纳关税。《大清会典事例》载："中俄陆路贸易，向不抽税，惟于各该国境内关口则征卡税……中国于张家口设关，内地商人往来恰克图、库伦贸易者征税于此。"

张家口，地形险要，东西太平山相距数百步，对峙如门。明宣德四年（1429），由张文指挥在口南五里，建堡屯住重兵，守卫边塞，故名张家口堡。万历四十一年（1613），在张家口堡北五里筑来远堡。顺治元年（1644），又在来远堡西侧开豁修建了大境门。

明宣德四年（1429）修建的张家口堡俗称堡子里，又称下堡。堡城周围四里余，高三丈二尺，东南各开一门，东门永镇，南门承恩。嘉靖八年（1529），在北城墙开一小门，名小北门。

堡子里城堡构造坚固，城堡四正曲直，四角各建成楼一个，东南门楼和西城墙上有瞭望和御敌功能的重檐阁楼，堡内有协镖署、中营署、守备署，享有武城之称。堡东的武城街因此得名。武城街车密人稠，是张家口的商业中心。乾隆年间，武城街北口树起一座"武城烟景"的高大牌坊。

建堡之初，堡内的大多建筑为官衙、官邸、豪商私宅、宗教场所。后来，依附于城堡的寺庙、民居、街市才陆续建成。

鼓楼（文昌阁）是堡子里的中心，建于明万历四十六年（1618）。楼分两层，底层留有四门通衢。东南、西南角分别置钟、鼓。

玉皇阁，坐落于堡子里北城墙上，是堡子里的制高点，建于明万历九年（1581）。

张家口的关帝庙建于明万历三十六年（1608）。后来又进行了多次重修。重修关帝庙的捐资人，大多是茶叶之路上经营茶叶的山西商人们，为的是求关老爷保佑他们生意兴隆、财源广进。

　　堡子里的四合院大多是山西商人修建的。

　　四合院不论房屋朝向,其出水檐全朝向院内,后墙全部无窗户。此建筑形式,取"肥水不入外人田"之意外,还兼有防盗作用。形式上坐北朝南,均为正方形,在排列上,大多为正房五间、七间;东西附室各五间;南房三间,门内有彩壁,院内用青砖铺地,并建有花池。大型的四合院皆沿一条轴线排列起来,形成连环院。

　　四合院总体的布局特点是围绕院子四边布置堂屋、住房和厨房等。门窗一般开向院内,通常分前后两院,两院之间有垂花门,内院为住宅的中心。在中轴线上,南向为正房,北向为

堡子里的商行

"倒坐"房，东西两侧为厢房，大型的住宅有的还由多个院子组成。

四合院在建筑规模、样式上都鲜明地体现出礼制及等级差别，小商人所住的四合院正房不得超过三间，不准建歇山式、重檐式屋顶，上面不得绘画，不得具有彩色门窗等华贵状；大商家和官宦人家则根据自身的需要建宅，大都造型雅致，结构精巧。

来远堡，俗称上堡，又叫市圈，是一座纯粹以边境贸易为主的城堡。

明隆庆四年（1570），在首辅高拱、张居正的大力支持下，明朝廷最终采纳了宣大总督王崇古的建议，与俺答汗达成封贡互市协议，并在宣府、大同等地设立互市场所。宣府的互市场所就设在长城外的东西太平山之间。

来远堡在长城内侧，小境门的南面。与长城北墙相距仅十二丈。来远堡东西堡墙与长城相接。城堡设两门，北门来远，西南门永顺。来远门与小境门相对，门洞内安有吊门。

来远堡占地约百亩，堡内有总管署、营房、观市厅、司税房、抚赏厅及讲市台和城隍庙等。

总管署是来远堡交易的管理人员办公居住的地方，观市厅是供守御人员瞭望的地方。营房驻军一为守备长城，二为监管市场。抚赏厅是政府对市场监管人员进行奖励、对蒙古部落头领进行赏赐的地方。司税房则专管税务。据《万全县志》载：

"本朝二年初设防御二员，笔贴式二员。康熙三十二年添设总管一员，防御六员，管理边境大小二门一应出入事物，驻来远堡。关帝庙雄踞之，每逢开市，多在这里讲市，所以人们也叫它市台庙。"

明时，货物大多堆放在大境门外，双方看好货后，在讲市台结算。至清，因交易改在城外，讲市台废弃。但讲市台上的关帝庙却香火旺盛。关帝庙也称为市台庙。庙内除供奉关公像外，还有一双一米多高的大蒙靴，意在祈求行走在"茶叶之路"上的商旅之人一路平安。

大境门始建于顺治元年(1644)，是在来远堡旁的长城墙上开豁口建起来的。门墙高四丈六尺，底长四丈，宽二丈七尺。

康熙三十六年（1697）二月康熙第三次亲征噶尔丹就是由大境门向北进发的。当清军大获全胜的消息传来时，张家口的百姓请读书人张自忠挥毫写下"内外一统"四个大字，并请工匠刻于大境门外一处平坦的石崖上。

随着大境门开启，元宝山下狭长的沟谷中，逐渐形成了一条人兴气旺的金街。店铺商号鳞次栉比，交易市场人声鼎沸。街市上有经营苏杭绸缎的绸缎庄；有经营曲沃生烟的生烟庄；有专门经营牛马皮、老羊皮的粗皮行；有经营珍奇兽皮和麦穗羔皮的细皮行；有专门转运草原牲畜的牛马驼羊大店；有山货铺、点心铺、酒作坊、麻绳铺、茶叶铺、瓷器店、杂货店、米面店、铁器店、洋货店等等。

晋商贩运的茶叶在张家口用骆驼驮载，结成驼队，开始了走向库伦、恰克图的又一段行程。

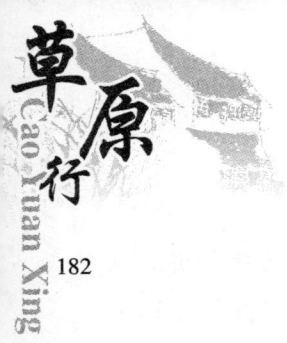

# 台路驿站

　　驿道是政府传达政令、军令,使臣和官员往来,人犯押送的交通干线。战时军饷、钱粮、兵器的输送,军机的传报以及平时诏旨的下达,地方官吏公文的上奏等,都靠驿道转运传送。驿道同时也是经济贸易、文化交流、民间往来的通道。清代,蒙古地区的驿道也称台路,驿站也称台站,平时行走在台

路上的更多的是商旅之人，而驿站也自然成了商旅之人的歇脚打尖之地。

蒙古地区的驿站，最早建于顺治年间。康熙为征准噶尔，于三十一年（1692）又设立了喜峰口和杀虎口驿站。三十二年（1693）再设张家口、古北口和独石口三路驿站。

张家口一路台站，由张家口开始，向西北，在察哈尔境内有九站至沁岱；四子部落、苏尼特、喀尔喀右翼、茂明安九站至吉斯洪伙尔达；又六站，至赛尔乌苏；十四站至库伦，称库伦南路台站；库伦北路台站向北十二站达恰克图。这段路也称为阿尔泰军台或张库官道。据《蒙古志》载："张家口外驿站十八。自张家口而西北，一曰察汗托罗盖，六十里；二曰布尔嘎素，六十里；三曰哈柳图，五十里；四曰鄂拉呼都克，四十里；五曰奎素图，七十里；六曰扎嘎苏，六十里；七曰明爱，五十里；八曰察察尔图，五十里；九曰沁岱；六十里。皆在察哈尔境。十曰乌兰哈达，八十里；十一曰奔巴图，七十里；十二曰锡拉哈达，七十里。皆在阴山麓。十三曰布鲁图，五十里；十四曰乌兰呼都克，五十里；十五曰察哈呼都克，七十里；十六曰锡拉木伦，四十里。皆在锡拉木伦河东。十七曰鄂兰呼都克，八十里；十八曰吉斯洪伙尔达，六十里。皆在沙漠附近。若又西北，度漠入外蒙古境，为阿尔泰军台。此道凡一千七十里，达四子部落、苏尼特、喀尔喀右翼、茂明安四部，凡五旗。吉斯洪伙尔达而西北，五十里奇拉伊木呼尔，八十里至布笼，六十里至苏吉布拉克，五十里至托里布拉克，七十里至图古里克第，九十里至赛尔乌苏。凡六站，四百里。曰赛尔乌苏，库伦之道由是分。……库伦之道，由赛尔乌苏而北，涉沙漠，舆杭爱山脉，渡图拉河，凡十四站，九百八十里至库伦。六十里至憨吉，六十里至苏鲁海，六十里至毕拉葛库，六十里至巴彦和硕，六十里至博罗达噶，八十里至套里木，六十

里至莫敦，六十里至那蓝，一百里至他拉布拉克，八十里至佛都尔多布，七十里至吉尔噶兰图，七十里至布哈，六十里至布库克，六十里至图拉河，四十里至库伦。"

张家口至恰克图的道路最初仅有台路一条，随着内地与蒙古地区商业贸易往来的增多，逐渐衍生出了多条从张家口至库伦的道路。商人们在运输物资的过程中，发现了一条新的商路。沿这条路从张家口到库伦，比阿尔泰军台要少走三百多里，人们把这条路称为张库商道。后来商人们又发现了更近的道路。新的道路比张库商道更是缩短了近一千里。这条路叫达尔罕匝木大道。光绪十五年（1889）修建的邮政电线就是沿着这条线路铺设的，所以后来这条路也被叫作张库邮电大道，《蒙古志》载："一曰库伦之捷径，自张家口外，即分支。西北逾阴山，达沙漠。经察哈尔之察罕巴尔哈孙，固尔本塔勒哈、匝梅音乌苏、库呼得列苏、沙巴尔台，内蒙古之苏治、阿善呼都克、哲格淖尔、札朋呼都克、明安、博罗里治、匝梅音呼都克、伊林霍罗斯、呼图勒乌苏、图古里克、音格尔海兰苏

图、匝布克乌兰哈达、格子格音哈顺等地。又涉沙漠，经外蒙古车臣汗部之乌得、格合井、察罕图古里克、塔列赤、穆市伦、三音呼都勒、库图勒、布色音车路、沙刺沙尔、石别图博罗呼济尔、博穆博图、穆克图、吉尔特根台、车鲁台井等地。又逾汗山，经土谢图汗部之哈克察呼都克、那赖哈二地，而达库伦东南之买卖城，与军台合。此路约千八百里，与军台路成弧矢形，较军台近少半。茶商运货，或取道于此；库伦电线，亦沿此路设立。军台以外，此路为最大，名曰：达尔罕匝木大道。……二曰通库伦之小路。自吉斯洪伙尔达分支，径向西北，涉沙漠，达库伦。经内蒙古之乌兰托罗海井、叶多梅克山道、萨罗根呼都克井、匝达苏提山口，外蒙古土谢图汗部之库尼努鲁山口、阿根希尔山口、巴音鄂博、叶林克呼都克井、萨尔朋呼都克井、塔布尼乌兰库都克井、匝明托留木、匝明乌兰、鄂尔昔托、鄂郭博特、察普池尔井、巴彦乌鲁、巴勒台、塔勒图等地，而达库伦买卖城。此路约一千五百余里，亦与军台路成弧矢形，井泉甸草，颇不匮乏，商旅间亦由之。"

张家口至恰克图，四千余里，越阴山、过草原、戈壁和沙漠，道路十分艰辛。"多饶积之地，薪水匮乏，行旅苦之。唯推河附近，气候温和，土地饶沃，风景甚佳。元代园囿多设于此，故迹犹有存者。库伦道则马驼水草所在备豫，行旅称便。自张家口至察哈尔，地势渐高，登阴山而四顾，山川纵横，宛然如画，汉蒙风景历历在目。逾阴山涉沙漠，地势洼下。漠中飞尘迷目，积沙没胫，渺茫无垠，满目荒凉，但见童岩秃邱，累累突兀于沙中而已。至于库伦，地势又高，达四千二百尺，山峦重叠，道路狭隘。自库伦而北，沿色楞格河，至恰克图，地势又渐低，无高山峻岭，而冈陵起伏，河流纵横，土地膏腴，树木繁茂，惜土人不知稼穑，多未开垦。恰克图地犹高二千五百石，过此而北，入俄疆，乃道路平坦，且有池塘溪菴，大小舟航络其间，芳草长堤，桃柳掩映，宛然江南风致，非复黄沙白草之地也。"

装载茶叶的驼队离开张家口，首先来到的是宣化府的万全县。

明初，长城设九边，实行卫所制。洪武二十六年（1393），在东、西沙河之间，随地形筑土城，设宣府右卫，以为是"背枕长垣，面临洋水，左抱居庸之险，右拥云中之固"的万全之策，因此得名万全。康熙三十二年（1693）裁改宣府镇及所属厅、卫，置宣化府，将万全右卫及所辖五堡改置为万全县。

万全城只开南、北门，东、西两侧虽然无门，却也建有突出城外的两个翼城，就像轿子两边的杠穿，城外东西两条沙河穿过，如同两根轿杆，将轿子抬起。城中的玉皇阁高于城墙，恰似轿子的轿顶，人称轿子城。

从明洪武建城开始，万全城一直是坝上坝下方圆数十里繁华的贸易中心。城中南北大街商号店铺比比皆是，十字街头商贾云集。两座牌楼下，说书的、卖艺的、弹唱的……围观者人山人海，煞是热闹。万全城成了沟通汉蒙物资交流的重要地方。

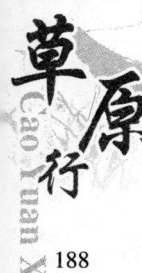

万全往北,沿狼窝沟经神威台过野狐岭上坝,便来到坝上草原第一重镇兴和城。

狼窝沟是张家口通向坝上的咽喉地段。山谷地势险峻,林高草茂,行路艰难,如入狼窝虎穴,因此被称为狼窝沟。因为山口风力猛烈,也被称作黑风口。

兴和城,扼坝上坝下咽喉,是大漠出入中原的孔道,张家口通往库伦的必经之地。民国六年(1917)改张家口厅为张北县,兴和城成为张北县的县城。

清代,内外一统,圣朝不划长城界,一道平岗是九边。兴和城变为张库大道的必经之地,过往的商队与驿使带来了这里的兴盛。咸丰三年(1853),清政府在坝上招民垦殖。光绪八年(1882)在兴和城设中汛,置千总衙署。

阿尔泰军台第三台哈柳图,蒙古语是有水獭的地方,现在尚义县境。

第四台鄂拉呼都克,蒙古语的意思是山上有井。现在是内蒙古商都县四台坊子。

第五台奎素图,现在商都沿海一带。

第六台扎嘎苏,蒙古语是有鱼的地方。现在是商都小海子。

第七台明爱,又称明安白头,蒙古语的意思是千座房子。现在是商都县城,民国七年(1918)建商都县。

第八台察察尔图,现在是商都大拉子。

第九台沁岱，现在是内蒙古察哈尔右翼后旗土牧尔台北十五里的新建村。

第十台乌兰哈达，蒙古语是红色岩峰的意思。现在是四子王旗乌兰哈达苏木。

第十一台布母巴图，蒙古语是有坟丘或有秘藏的地方。现在是四子王旗白音朝克图苏木（补力太庙）南。

第十二台锡拉哈达，蒙古语为黄色岩峰。现在是四子王旗查干敖包苏木（补力太庙）南。

第十三台布鲁图，蒙古语的意思有碌碡的地方。现在是四子王旗查干敖包苏苏木（希拉莫仁庙）。

第十四台乌兰呼都克，蒙古语的意思是红色的井，现在是四子王旗吉尔嘎朗图苏木。

第十五台察哈呼都克，蒙古语的意思是白色的井。现在是四子王旗吉尔嘎朗图苏木。

第十六台锡拉木楞，蒙古语的意思是黄色的河。现在是四子王旗红格尔苏木。

第十七台鄂兰呼都克，蒙古语，多井的地方。现在是四子王旗卫境苏木。

第十八台吉思洪呼尔，又叫哲斯。蒙古语的意思是有红铜的洼地。现在是四子王旗白彦敖包苏木达赖嘎查。阿尔泰军台在这里向北歧出了张库商道，也就是《蒙古志》记载的库伦小路。

达尔罕匝木大道上也有着许多热闹的市镇，为来往在张库间的商人提供方便和服务。

馒头营，由蒙古人馒头扎嘎首建。往返库伦张家口的客商老倌车多在此歇脚。

嘉卜寺在蒙语里是缝隙的意思。嘉卜寺南边有大山，北边有小山，中间有一道沟，村落依北山顺沟而建。元世祖至元年间，上都经丰州至和林驿路开通，在嘉卜寺设驿站，于是开始有人居住。清康熙三十二年（1693），内蒙古驿站建成，嘉卜寺亦设一驿站。之后，随着中俄邮路的开通、北京至恰克图电报线路的架设，嘉卜寺日渐兴盛，街市十分繁荣。

民国二十三年（1935）成立化德设治局，二十五年（1936）易名新明设治局，同年改为德化市，三十四年（1946）更名为化德县，嘉卜寺为化德县城。1984年改为城关镇，2001年命名为长顺镇。

滂江，又称明安，现在是内蒙古苏尼特右旗布图木吉苏木巴彦高毕嘎查。滂江是达尔罕匝木大道重要的中间站。

伊林，又叫伊林霍罗斯，蒙古语"纪元、初始"的意思。清嘉庆二十五年（1820）驿站。现在是内蒙古的二连浩特。光绪十五年（1899）设电报局，又设滂北打尖站，蒙语叫哀饮大北数，意思是有盐的驿站欢迎、欢送远道的人们。伊林是达尔罕匝木大道上最重要的驿站之一。大批商贾通过伊林往返于库伦和内地。

1956年伊林霍罗斯设二连镇；1957年升为旗县级，称二连浩特。浩特在蒙语里是城市的意思。1966年1月，国务院批准设二连浩特市。

西口归化城的山西商人，将茶叶运往库伦、恰克图，需翻

越大青山，穿过锡拉木伦大草原，北行至哲斯，即阿尔泰军台第十八台吉思洪呼尔，再沿张库商路西北可至库伦。

大青山，又名黑山、漠喀喇、达兰喀喇。喀喇在是蒙古语里就是黑的意思；达兰是蒙古语七十的意思。据说大青山上约有七十个山头，远远望去如青如黛，因此称之为达兰喀喇。

大青山的白道谷，南起坝口子，西北过白道岭，北至什尔登口，全长约七十里。自战国时期起，便是大青山南北交通的主要通道。

白道岭上有一座关帝庙，建于雍正八年（1735）。庙碑记载：盖闻归化城古丰州之地也，得胜蜈蚣坝，城北之衢路也，又系外藩蒙旗与新疆库伦之道衢……羁旅之要路。

关帝庙每年五月二十三举行庙会，山里人及往来客商，云集于此，济济一堂。届期，毡幕帐篷，点缀庙宇四周，有做小买卖的，有踢拳卖艺的，有露天赌博的。庙前有戏台，庙会期间每天唱戏。多数年份这天要下小雨，当地谓之"老爷磨刀雨"。白道上往来的商人们，都会将浩荡的驼队在庙前停下，进庙祭拜，祈求关老爷保佑一路平安。

经白道谷出大青山，即是可可以力更。

可可以力更，蒙古语为呼和额日格，意思是青色的山崖。明代叫克克伊尔根，是蒙古族游牧的地方。清康熙年间，可可以力更设了驿站，成为归化城通往新疆与其他各地的必经之地。

召河和百灵庙都是归化通往蒙古的必经之地。

召河庙，在锡拉木伦河南岸，又称锡拉木伦召、普会寺，建于清康熙年间，现在是达尔罕茂明安联合旗乌兰图格苏木。

康熙年间达尔罕贝勒在百灵庙建贝勒庙，又称白林庙，后来改称百灵庙。现在是达尔罕茂明安联合旗政府所在地。

百灵庙自建庙以来，一直是达尔罕草原商旅云集和物资的集散地，素有"草原码头"之称。是漠南通往漠北、新疆等的交通要道，为兵家必争之地。康熙率军亲征噶尔丹时，曾在此驻跸。

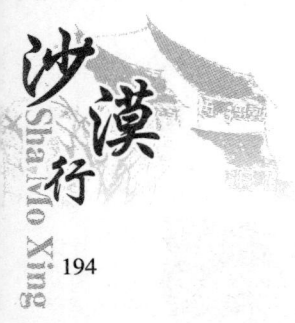

# 沙漠驼铃

喀尔喀蒙古,因分布于喀尔喀河地而得名。东接呼伦贝尔,西至阿尔泰山,南临大漠,北与俄罗斯接壤。

15世纪末叶,元太祖十五世孙巴图孟克(达延汗)统一东部蒙古后,将漠南、漠北原来各不相属的大小领地合并为六个万户,分为左、右两翼。每翼三万户。喀尔喀万户属左翼,共十二部。内五部居喀尔喀河以东,巴图孟克封授第五子阿尔楚博罗特;外七部居河西,巴图孟克封授幼子格埒森扎·札赉尔珲。巴图孟克死后,内五部逐渐南徙,清初编旗,属内札萨

克旗(即内蒙古);格垺森扎留居在故地,仍号所部为喀尔喀,"析众万余为七旗",辖地逐渐扩大,并据有了整个漠北地区。

清入关以前,喀尔喀蒙古的三大封建主土谢图汗、札萨克图汗、车臣汗就已经和清政府建立了联系。天聪九年(1635)致书与后金通好;崇德三年(1638),喀尔喀三部"遣使来朝",以后,每年各贡"白驼一,白马八,谓之九白之贡"。顺治十二年(1655),清政府赐盟宗人府,并在喀尔喀设八个札萨克,分左、右翼,从而使喀尔喀蒙古与清中央政府的政治联系更加密切。土谢图汗衮布子察珲多尔济、车臣汗硕垒子巴布、札萨克图汗诺尔布"各赍表遣子弟来朝"。后来,喀尔喀三部之间发生了纷争。漠西蒙古准噶尔部首领噶尔丹乘机插手,于康熙二十七年(1688)向喀尔喀发动了大举进攻。土谢图汗等猝不及防,拒战失利。战败后的喀尔喀,在哲布尊丹巴呼图克图的提议下,举旗投降了清政府。

康熙三十年(1691),康熙帝与蒙古各部首领在多伦诺尔会盟,宣布保留喀尔喀三部首领的汗号,废其封建王公的济农、诺颜旧号;按满洲贵族的封号,各赐以亲王、郡王、贝勒、贝子、镇国公、辅国公的爵位。其行政体制也和内蒙古一样,实行札萨克制,加强和巩固了清廷对喀尔喀各部的管辖。雍正十年(1732),喀尔喀亲王额驸策棱因击败准噶尔部有功,清廷从土谢图汗部分出了二十一旗隶属到额驸策凌的赛音诺颜部。赛音诺颜部于是成为与三汗部并列的大札萨克。

库伦位于蒙古高原中部肯特山南端的鄂尔浑河支流土拉河畔，建于明崇祯年间，当时称乌尔格，是蒙古语宫殿的意思。这里是喀尔喀蒙古第一个活佛哲布尊巴一世的驻地。因蒙古人的营帐是可以移动的，所以乌尔格在此后的一百五十年中一直游移于附近地区，乾隆四十三年（1778）起才逐渐定居下来，并取名库伦和大库伦，蒙古语是大寺院的意思；又指围起来的草场或周边用石墙、土墙、木栅围起来的空场地。

库伦有朝廷委派的库伦办事大臣知事二人，一人由北京派遣，一人从当地蒙古贵族中选派。知事负责一切政务、商务。《蒙古志》载："地于外蒙古为适中，且为中俄咽喉，故政府置库伦办事大臣二人，以司中俄界务，并贸易事。一出在京满洲蒙古大臣内，简放；一出外蒙古扎萨克内，特派。其属有库伦本院司二人，笔帖式二人，恰克图本院司官一人。俄国亦有领事驻此，司其商务。领事馆在图拉河右岸之高阜上。库伦有驻防兵二千余，统于办事大臣。"

库伦是汉蒙贸易和中俄互市之地。南北是起伏的群山，清澈的土拉河水从城西的博格多山脚下自东向西缓缓流过，库伦就坐落在河的北岸，分西库伦、二里半滩和东营子三个区域。东营子和西库伦最为繁华。

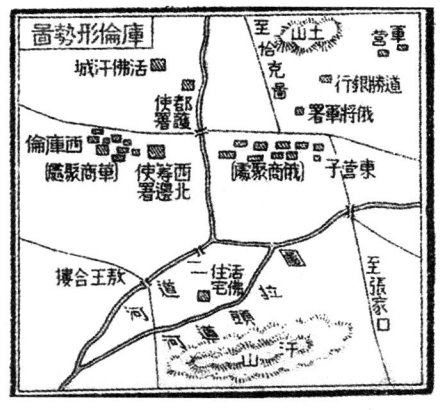

西库伦商号林立，生意十分兴隆。经商的主要是以张家口为基地的晋商、京商和直隶商人。西库伦是库伦最早的居民聚集点，叫蒙古街。这里大部分是散乱的蒙古包群。东营子又叫中国街，居住的是清朝官吏和中国商人；商号多半是与恰克买卖城有联系的商号，或是分庄做批发运销的业务，少有零售

的。

　　东营子建有关帝庙。关帝庙前有一座大戏台，每年夏天都有张家口的晋剧艺人受邀前来唱戏。中国街建筑具有中国内地街道的风貌，除木材外，建筑材料大都由内地运去。后来中国街还设立了邮政局、电报局和大清银行机构。

　　库伦中央的蒙古街和中国街交界的地方是二里半滩。开始时二里半滩是西库伦和东营子商号存放杂货的场地，后俄商进入这里经营，成了俄民居住和俄商集中的地方。

# 戈 壁 千 里

恰克图在俄语里的意思是"有茶的地方"。

恰克图买卖城在土谢图汗部北境,楞格河东岸,中俄分界线上。雍正五年(1727),清廷与俄罗斯订立通商条约,恰克图被开辟为商埠,成为中俄边境的商贸重镇。

雍正六年(1728)六月三十日,俄政府派员直接参与恰克图市场的建设。建成的恰克图市场是个正方形,每边各长二百米,市场四个角各筑一个城楼。市场内的货摊货位都由宫廷作

了规定。城内有俄商的三十二座木房和一所客栈。

雍正八年（1730）清政府虽然批准在恰克图中方边境建买卖城，然而朝廷一向认为经商做贾是属于民间的事情，建买卖城的事情朝廷不管。中国商人们掏钱向监管部门购买了地皮，在恰克图正南一百五十米的地方，自己动手营造店铺和库房，建起了一座同样大小的贸易城，叫做"买卖城"。买卖城也是一座方形木城，有围墙、城楼和货摊，商店和仓库设在城内。

买卖城的四周是用松木桩围建的栅栏。栅墙共有八座门，南北各三座门，东西各一座门。

栅内中心建有一座三层阁楼，和内地的钟楼形式相同。东西向有一条街，约有半里长，叫横街；南北向有三条街，皆不到一里长，中间的街叫中巷子，东街叫东巷子，西街叫西巷子。中巷子南段设有加古庆衙门，其形状和内地的衙门相同。加古庆衙门东边建有规模宏大的关帝庙。

加古庆衙门

光绪年间在关帝庙西边设了电报局,北边设了邮政局。

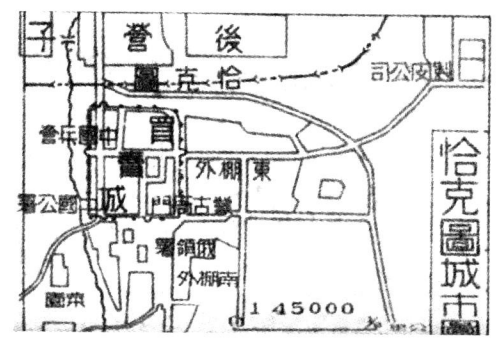

中巷子北门上悬有"北方雄镇"的匾额。门外有驻守边界的兵房一所。北门外半里是前营子。前营子有沙俄郭米沙尔衙门,相当于中国的边区镇守使,与清廷的加古庆联系。凡运往恰克图的货物,出口时均予以退税;而运往俄境的货物,入口时都要纳税。中国人前往俄国经商所用的护照,由加古庆衙门填发后,再由郭米沙尔衙门签署,方能通行无阻。

前营子建有消防队望火楼、十锦楼(即有动物、植物标本的博物馆),还有花园三处。

东栅门外商业较少。在中俄交界俄国一方,设有牲畜检疫所。每日赶往这里的牛羊,在此经过检查后运往俄国。

西栅门外也无商业,仅有少数的栅内商人的货栈。往西有一条河流,恰克图买卖城的商人们就喝这条河里的

水。河上架有木桥。对岸是一座小山,称作西梁山。山上有吕祖庙,规模宏大。吕祖庙的东南有龙王庙,夏季时商人多在此演戏。

南栅外有蒙古喇嘛教的龙厅,蒙古喇嘛经常有上百的人在这里诵经,还有商店数百家和市场,做附近百里内外俄、蒙居民的生意。

南栅外有一条南北向大街,长约三里。

距南栅东南约二十五里有一个小湖(蒙语称为鱼诺)。小湖旁有一所鱼诺庙,相传是康熙皇帝到恰克图时所建。

买卖城的商人们只知赚钱,不讲究卫生。整个栅内竟然没有一处厕所。每家商号院内仅有尿池,大便都在夹道内。

中俄人民往来频繁,异常亲密。俄人每年过枞树节、复活节两次大节日,中国商人不论相识与否,到俄人家里去的,他们都热烈招待;中国人也都不讲客套,大吃大喝一顿。当然,中国商人过正月十五、八月十五等节日，俄国人也是可以随便来吃的。

恰克图市场开市之初，俄商尚能遵守市规。随后俄商屡屡出现违规现象，俄国草原上的流匪也经常来对市场进行骚扰。于是，从乾隆二十三年（1758）起，清政府开始对市场严加管理，对无票照入市和入市贸易手续不全的商人严加盘查处罚，致使俄方无票照商户对恰克图望而却步，违法俄商纷纷逃遁，市场出现萧条。恰克图市场理藩院司官方观承向朝廷所上奏折中讲："自奉文查禁以来，赴恰克图、库伦贸易者只十数家，小商依附行走者二十余家，其余百余家多已歇业。"乾隆帝对方观承奏折进行了批复："所奏甚是，即有旨谕。"不久，理藩院对恰克图市场管理作出了新规定：华商赴恰克图贸易一律在张家口（后增加归化及多伦诺尔两地）领取理藩院颁发的信票，每货一单。

乾隆年间恰克图市场曾三次被清政府关闭。从乾隆五年（1740）起，中国商人开始对俄销售织有俄国国徽双头鹰的布匹。沙俄女皇叶卡特林娜二世认为这是中国商人在试图表明俄国人不能织这种布，下令不准俄商经营双头鹰图案的布，致使中国商人商品积压，损失惨重。乾隆认为这是俄国人在破坏《恰克图条约》，于乾隆二十七年（1762）十月下令闭市。其实，此"布匹事件"仅是个导火索，开市以来俄国人越界圈地、私征货税、收容逃犯等违规举动早已惹怒了乾隆，闭市只是个时间问题。乾隆后来说，恰克图贸易一事，因俄罗斯不遵守旧制，违背禁约，且其多收货税、苦累商人，是以降旨停业。

闭市以后，俄方一再苦苦哀求开市，乾隆一直不予理睬。直到乾隆三十三年（1768）才派驻库伦办事大臣庆桂协同喀剌沁贝子与俄方接触会商。庆桂向乾隆皇帝上奏折曰："俄罗斯知悔过……乞求贸易。"乾隆帝看罢奏折，批准复市。

乾隆四十三年（1778），俄商费约多尔为了私逃关税，乘月黑风高之夜私自越境贩马，被清巡哨官兵擒获。俄方却一味袒护，竟不经会审私自放走私犯。乾隆帝闻报，又下令闭市。后俄方主动认错，并将处置此事的官员撤换，乾隆才准许复市。

乾隆四十九年（1784），商民靳明持合法经商执照在赴乌

梁海途中被俄罗斯土匪抢掠。俄边防人员捕获土匪后，俄纳拉巴尔少校却不按《恰克图条约》之规定当众处决土匪，私自把土匪发遣了事。乾隆再次发怒，恰克图市场被关闭八年。

乾隆五十六年（1791）十月，在俄罗斯人多次乞求下，清政府与之签订《恰克图市约》，恰克图才得以继续开市通商。

乾隆五十七年（1792），乾隆帝下令理藩院起草了《恰克图通商章税五条》，其内容是：一、恰克图互市于中国初无利，大皇帝普爱众生，不忍尔国小民困窘，又因尔萨那特衙门吁请，是以允行。若复失和，罔再希冀开市。二、中国与尔国货物原系两边商人自行定价。尔国商人，应由尔国严加管束；彼此货物交易后，各另不得衍期，即是归结，勿令负欠，致启争端。三、今尔国守边官皆恭顺知礼……此后尔守边官，当慎选贤能……四、恰克图以西十数卡伦之布里亚特不法，故致有乌里勒咱之事。尔国应严加禁束，杜其盗窃。五、此次通市，一切仍照旧章。